西安交通大学 本科"十一五"规划教材

社会心理学
SOCIAL PSYCHOLOGY

（第2版）

主编 倪晓莉 童 梅

西安交通大学出版社
XI'AN JIAOTONG UNIVERSITY PRESS

国家一级出版社
全国百佳图书出版单位

图书在版编目(CIP)数据

社会心理学 / 倪晓莉,童梅主编. —2版. —西安：
西安交通大学出版社,2022.12
ISBN 978-7-5693-2805-9

Ⅰ.①社⋯ Ⅱ.①倪⋯ ②童⋯ Ⅲ.①社会心理学—
高等学校—教材 Ⅳ.①C912.6-0

中国版本图书馆CIP数据核字(2022)第181488号

社会心理学(第2版)
SHEHUI XINLIXUE(DI 2 BAN)

主　　编	倪晓莉　童　梅
策划编辑	王斌会
责任编辑	张　娟
责任校对	张静静
封面设计	任加盟

出版发行	西安交通大学出版社
	(西安市兴庆南路1号　邮政编码 710048)
网　　址	http://www.xjtupress.com
电　　话	(029)82668357　82667874(市场营销中心)
	(029)82668315(总编办)
传　　真	(029)82668280
印　　刷	西安五星印刷有限公司

开　　本	720mm×1000mm　1/16　印张 17.125　字数 313千字
版次印次	2022年12月第1版　2022年12月第1次印刷
书　　号	ISBN 978-7-5693-2805-9
定　　价	49.00元

如发现印装质量问题,请与本社市场营销中心联系调换。
订购热线:(029)82665248　(029)82667874
投稿热线:(029)82668525

版权所有　侵权必究

《社会心理学》编委会

主　　编： 倪晓莉　童　梅
副 主 编： 钱玉燕　王渭玲　王瑜萍
参编人员（以姓氏笔画为序）：
　　　　　　马亚婷　王渭玲　王瑜萍　曲　苒
　　　　　　孙　果　李占星　李晓冉　吴　越
　　　　　　杨沈龙　倪晓莉　钱玉燕　耿阳文
　　　　　　聂　佳　童　梅　樊晋铭

前言
PREFACE

社会心理学是一门研究人与社会相关的心理问题的学科。人的心理既是自然的产物也是社会的产物，人的社会生活、社会关系以及诸种社会现象都会对人的心理产生影响。所有的社会现象中都包含心理问题，而人们的一切心理活动又几乎都受到社会因素的影响，这就是社会心理学所要研究的内容。社会心理学是一门新兴的边缘学科，它吸取了心理学和社会学知识而建立起来，从而使它成为这两个学科交叉点上具有广阔发展前景的新学科，它的历史虽较短暂而生命力却极为旺盛。

近年来，社会心理学已迅速发展并渗透到社会学和心理学的各个分支学科，社会生活中越来越多的领域要求运用社会心理学的理论知识去指导并解决现实问题。自20世纪80年代以来，我国心理学界开始重视社会心理学，许多高校和科研单位设置了社会心理学的教学和科研机构，开设了社会心理学课程，取得了不少令人鼓舞的研究成果。

本教材在分析综合国内外现有教材特点的基础上，结合实际与教学实践，在传统的社会心理学教材体系架构中，增加了符合非心理学专业的当代大学生需要的社会心理学知识，即社会化与心理健康等内容,有益于培养学生理论联系实际的能力,让学生做到学以致用。

教材每章后以二维码的形式增加了拓展阅读资料,使学生能更好地了解本课程的理论研究背景,培养大学生运用材料进行再创造的能力,在学习中善于思考、勇于探索、发展智力、拓宽视野。

本教材在系统介绍当代主要流派时,提供翔实的一手研究资料,在问题探讨兼重理论实践的基础上,尽量实例举述,层次分明,既有利于学生对教材内容的理解,也使教材更适合大学生阅读,包括综合类大学非心理学专业的大学生。

感谢参与本书编写的同人的努力,各章主要作者列举如下:

倪晓莉:第一章 绪论

王瑜萍:第二章 社会心理学研究方法

李占星:第三章 社会化

曲 苒:第四章 人际关系

童 梅:第五章 社会认知与归因

聂 佳:第六章 社会动机

杨沈龙:第七章 社会情绪与情感

王渭玲:第八章 社会态度

钱玉燕:第九章 社会影响

马亚婷:第十章 心理健康

李晓冉、耿阳文、樊晋铭:拓展阅读

由于编者水平与时间有限,书中难免有疏漏缺失之处,恳请同人与读者指点雅正。

编者

2022 年 8 月

目录
CONTENTS

第一章　绪论 …………………………………………………… 1
　第一节　社会心理学的产生与发展 ………………………… 1
　第二节　社会心理学的定义及其研究对象 ………………… 6
　第三节　社会心理学的学科性质 …………………………… 12
　第四节　社会心理学的基本理论与基本研究内容 ………… 16

第二章　社会心理学研究方法 ………………………………… 25
　第一节　社会心理学的方法论与伦理原则 ………………… 25
　第二节　社会心理学的研究方法 …………………………… 31
　第三节　社会心理学的研究过程 …………………………… 38

第三章　社会化 ………………………………………………… 45
　第一节　社会化概述 ………………………………………… 45
　第二节　社会化的基本特征 ………………………………… 55
　第三节　影响社会化的因素 ………………………………… 59

第四章　人际关系 ……………………………………………… 71
　第一节　人际关系概述 ……………………………………… 72
　第二节　人际关系理论 ……………………………………… 75
　第三节　人际吸引 …………………………………………… 80

第四节　人际沟通 ………………………………………… 93
　　第五节　利他与亲社会行为 ……………………………… 101
第五章　社会认知与归因 ……………………………………… 113
　　第一节　社会认知概述 …………………………………… 113
　　第二节　社会认知的基本内容 …………………………… 116
　　第三节　社会认知的归因理论 …………………………… 132
第六章　社会动机 ……………………………………………… 138
　　第一节　社会动机概述 …………………………………… 138
　　第二节　几种主要的动机理论 …………………………… 143
　　第三节　主要社会动机 …………………………………… 152
第七章　社会情绪与情感 ……………………………………… 156
　　第一节　情绪与情感概述 ………………………………… 156
　　第二节　情绪与情感的相关理论 ………………………… 162
　　第三节　情绪与情感的调适 ……………………………… 167
　　第四节　情绪、情感表达与人际沟通 …………………… 173
　　第五节　群体情绪 ………………………………………… 177
第八章　社会态度 ……………………………………………… 182
　　第一节　社会态度概述 …………………………………… 182
　　第二节　社会态度理论 …………………………………… 194
　　第三节　社会态度的转变 ………………………………… 200
　　第四节　社会态度的测量 ………………………………… 211
第九章　社会影响 ……………………………………………… 215
　　第一节　社会群体和社会影响 …………………………… 215
　　第二节　从众行为 ………………………………………… 217
　　第三节　竞争与合作 ……………………………………… 229

第十章 心理健康 ………………………………… *232*
　第一节 心理健康概述 ………………………… *232*
　第二节 心理应激与心理健康 ………………… *238*
　第三节 心理异常与心理保健 ………………… *244*
参考文献 ………………………………………… *251*

第一章 绪论

何谓社会心理学？它的学科性质、研究对象、基本理论以及根本任务是什么？本书的第一章将引导学习者步入社会心理学领域。社会心理学的研究领域是十分广阔的。现代心理学研究表明，人的心理是人脑的功能，是人对外部世界的反映。由于人的大脑的复杂性，又由于人所处的外部世界的多样性，人的心理现象丰富多彩、纷繁多变。社会心理学是研究人与社会相关的心理问题的一门学问，可以说，所有的社会现象中都包含心理问题，而人们的一切心理活动又几乎都受社会因素的影响，这些都是社会心理学要研究的课题。

第一节 社会心理学的产生与发展

一、社会心理学的产生

（一）哲学思辨阶段

这是社会心理学的孕育时期，其母体是从古希腊开始一直延续到 19 世纪上半叶的西欧思辨哲学。这一时期与其后的几个时期相比，时间跨度较长，而且由于这一时期中社会心理学思想同一般的心理学思想紧密相连，因此很难把"纯"社会心理学观点划分出来（安德列耶娃，1984）。但这一时期理论的系统化和条理化直接为后来社会心理学的各理论流派的形成提供了基础。如果说要在该时期找出和现代社会心理学较为接近的主题的话,那么,这一时期哲学家们围绕"人性"所展开的争论算得上是"正宗"的社会心理学研究。

1. 古希腊的苏格拉底和柏拉图

古希腊的苏格拉底(Socrates)和柏拉图(Plato)认为:人性虽然不能完全摆脱生物遗传的纠缠,但却可以受到环境和教育的深刻影响。苏格拉底说过:"如果善不是由于本性就是善的,岂不是由于教育而成的么?"从这一观点来看,人性及人的行为是由社会决定的。因此,柏拉图在《理想国》中主张设计一种社会,在这种社会中,孩子能够由教育加以塑造。柏拉图的理想主义观点在后来的社会哲学家康德(I. Kant)、歌德(J. W. Goethe)和卢梭(J. J. Rousseau)等人的学说中被继承下来,并得到进一步发展。他们认为,人具有潜在的善性,使人趋向邪恶的是邪恶的社会,因此,改变人性的前提在于改变社会。

2. 古希腊的亚里士多德

古希腊的亚里士多德(Aristotle)则认为社会源于人的自然本性,而人性又是由生物或本能的力量所支配的,因此,改变人的本性、建立理想国的主张是无法实现的。亚里士多德为当代社会心理学直接开辟了诸多研究领域:"现代社会心理学许多有关态度或劝说的研究是与亚里士多德直接联系着的。亚里士多德将这些内容归入修辞学的范畴。"(萨哈金,1991)他在《诗学》中提出的"宣泄说"孕育了弗洛伊德(S. Freud)的"心理动力说",并进而影响到当代社会心理学对人类侵犯行为的研究;他在《尼各马可伦理学》中阐释的人类行为的交换论观点也称得上是现代交换论的基础;而他关于社会和人性的学说则被奥古斯丁(Augustine)和阿奎纳(T. Aquinas)、马基雅维利(N. Machiavelli)和霍布斯(T. Hobbes)进一步发扬光大。

(二)经验描述阶段

这一阶段是从19世纪中叶到20世纪初,主要表现为对人的心理活动和行为方式进行客观描述和分析。19世纪中叶到20世纪初,随着工业发展和社会进步,人类对认识自身的需求及其现实可能性都在不断增加,相关的心理学、社会学、文化人类学都陆续建立起来。这一切,都为现代社会心理学的形成提供了合适的土壤。这一时期,有一些重要的学术思潮对社会心理学起了直接的"催生"作用。

1. 德国民族心理学

德国民族心理学的代表人物为拉扎鲁斯(M. Lazarus)、斯坦塔尔(H. Steinthal)。拉扎鲁斯和语言学家斯坦塔尔提出,历史的主要力量是"民族精神"或"整体精神"。拉扎鲁斯等主编的《民族心理学与语言学》杂志出版(1859),拉扎鲁斯等亦由此成为民族心理学的直接缔造者。通过拉扎鲁斯和斯坦塔尔的杂志,现代心理学之父冯特(W. Wundt)深受黑格尔的影响,他历时20年(1900—1920)写出了十卷本的《民族心理学》。冯特认为,民族心理学较为合适的研究领域涉及"由共同的人类生活所创造的那些精神产品,因此,仅凭个体意识是无法对它加以说明的"(Wundt,1916)。比如,语言、神话和习俗就不是由个体创造的,而是社会的产物,因此,民族心理学应当采用自己的方法对这类文化产品进行分析。

2. 法国群体心理学

法国群体心理学的代表人物为塔尔德(J. G. Tarde)和迪尔凯姆(É. Durkheim)。这一理论形态是法国早期社会学的直接产物,塔尔德在他那本被誉为值得在社会心理学发展的任何一种说明中简略提上一笔的著作《模仿律》(1890年)中创设了模仿理论,并借此来解释人的全部社会行为。塔尔德认为,从社会学的角度来说,一切事物不是发明就是模仿,并且模仿是最基本的社会现象,连犯罪也是通过暗示、模仿和欲望等社会原因产生的。由于塔尔德将模仿和暗示视为最简化的个人活动,因此他认为对群体行为最为成功的说明应该是个体的或心理学的,而不是社会学的。迪尔凯姆则认为社会的事情是无法还原到个人水平的。因此,社会心理学只能从群体开始并终止于群体。勒朋(G. LeBon)接受了塔尔德的观点,以具有催眠性质的暗示感受性来解释人的社会行为,尤其是个人聚集而成的群众行为。另一方面,勒朋也接受了迪尔凯姆的观点,认为群体意识是不同于个体意识的一种独立的存在,因为群体本身就具有与构成群体的各个体完全不同的特征。

经验描述阶段是社会心理学的形成时期。1908年,美国社会心理学家罗斯(E. A. Ross)和英国心理学家麦独孤(W. McDougall)的社会心理学专著分别出版,标志着社会心理学作为一门独立学科的诞生。

二、社会心理学的发展

(一)两种研究取向的社会心理学

1. 以心理学研究为主线的社会心理学

以心理学研究为主线的社会心理学(Psychological Social Psychology, PSP)主要以美国学者奥尔波特(G. W. Allport)提出的定义为代表。他认为社会心理学是了解和解释个人的思想、情感、行为怎样受到其他存在的影响,包括实际存在、想象中的存在或隐含的存在的影响(Allport,1968)。所谓隐含的存在,指个人以在社会组织中的地位和文化团体中的成员身份进行的许多活动。这一定义在美国较为流行,为不少学者所接受,如阿伦(A. Aron)、里帕(R. Lippa)等。里帕还进一步发展了奥尔波特的思想,指出:"社会心理学家不仅要研究行为的社会影响,还要研究行为的非社会影响,如大恐慌、物理环境对人们友谊或侵犯的影响。"(Lippa et al.,1990)

以心理学研究为主线的社会心理学家认为应采用心理学方法,分析个体心理的变化与过程,揭示影响个体行为的社会条件,并探讨制约个体行为的动机、自我意识等心理机制对个体发生的影响。由这种方法建立的社会心理学倾向于心理学方面,故称之为心理学的社会心理学。心理学的社会心理学代表著作有贺兰德(Holland)等人撰写的《社会心理学》等。

心理学的社会心理学的主要理论有社会学习论(social learning theory)、社会认知论(social cognition theory)、场论(field theory)等。此外,弗洛伊德首次倡导的精神分析论(psychoanalysis theory)虽具泛性论(pansexualism),但它在心理学的社会心理学领域中很有影响。

2. 以社会学研究为主线的社会心理学

以社会学研究为主线的社会心理学(Sociological Social Psychology, SSP)主要以苏联学者库兹明(Kotsmin)提出的定义为代表。他认为社会心理学是研究不同水平的交往,即个人与个人之间、组织机构与个人之间、正式组织与非正式组织之间的交往。交往是社会心理学的中心现象,通过交往,人们产生相互感知与理解、模仿、暗示、信任、领导与从属、团结与冲突、态度与目标。这里的交往泛指相互作用、相互关系。

当前,心理学的社会心理学和社会学的社会心理学已经趋向于合流。现在大部分的社会心理学既不是纯心理学的,也不是纯社会学的,就其本身的研究途径来说,也不完全是心理学的或社会学的。事实上,社会心理学已出现了日益突出的综合趋势。他还指出,人际间的相互作用既不能完全归因于个体的心理特征,也不能完全归因于情境。两者的合流应归功于勒温(K. Lewin)。因为勒温把人的行为看作个体的特征与情境的结合,是个体与情境相互作用的结果,所以社会心理学应该分析社会与个人之间相互作用的影响(Lewin, 1945)。

(二)文化、社会与心理之间的关系

文化是在特定群体或社会生活中形成的,并为其成员所共有的生存方式的总和。这一定义至少包括如下几层含义:文化不仅包括价值观、行为准则、生活态度这类非物质形式,也包括各种体现这些非物质文化的意义的物质表现形式。不论是非物质文化还是物质文化,都既是人们所赖以生存的基本方式或手段,同时其本身也是人们的创造物。文化是有层次的,我们将某一社会中的某些群体所具有的既包括该社会的主流文化同时又具有自身特点的生活方式称为亚文化。

社会是一种独特的人群共同体,具有四大基本特征:①有共同生活的区域;②经济上能够自给自足;③能够自我繁衍;④有自己独特的价值观和行为准则,或者说有自己独特的文化。

文化和社会对每一个具体的、现实的人来说,都是一种不以其意志为转移的客观存在,它们共同构成了人类除自然条件以外的全部生活环境,并也因此构成了人类行为的全部客观制约因素,所以社会科学家在说明外在世界对人的影响时,往往会混用或并列使用社会与文化这两个概念。但是,社会与文化毕竟是有区别的:社会由共享某种文化的、受制于特定社会关系的人构成,是一种人群共同体;而文化则是该社会或共同体共有的生存方式,是人类生活的产品或创造物。

第二节 社会心理学的定义及其研究对象

一、社会心理学的定义

(一)社会心理学的多重定义

一门学科的定义,体现着学科研究的深度与广度,实际上是对这门学科研究对象的定义。社会心理学的定义很多,美国社会心理学家阿伦森(E. Aronson)曾说过:"社会心理学的定义之多,几乎如同社会心理学家的人数之多一样。"众多的定义,实质上反映了人们对社会心理学研究对象的不同理解。美国心理学家奥尔波特在《社会心理学》一书中指出:社会心理学是"研究个体的社会行为和社会意识的学科"(Allport,1924)。艾尔伍德(C. A. Ellwood)指出:"社会心理学是关于社会互动的科学,以群体生活的心理学为基础。以对人类反应、沟通以及本能和习惯行为的群体塑造类型为出发点""研究个体的社会行为的心理学有赖于对个体生活在其中的历史的与社会环境的解释理解"(Ellwood,1925)。下面重点叙述我国社会心理学家胡寄南对社会心理学所下的定义。

社会心理学是从社会与个体相互作用的观点出发,研究特定社会生活条件下个体心理活动发生、发展及其变化规律的一门学科(胡寄南,1995)。在此定义之下,胡寄南又对社会心理学学科性质进一步作如下的解释。

我们的社会是由单个的个体所组成,社会中的每个个体一方面受该社会的影响;另一方面个体又对这个社会发生着作用。社会心理学既研究个体心理活动在特定的社会生活条件下如何受其他人或群体的影响,同时也研究个体心理活动如何影响社会中的其他人或群体。

一个人从婴儿、幼儿,一直到青少年,被家庭与学校施以一定的道德规范的影响,从而变成一个社会人。家庭中的父母与学校中的教师对孩子所提出的行为规范与要求,反映了当时社会的要求与标准。例如,要求孩子爱劳动、守纪律、诚实、公正等,正是我们的社会所一贯提倡的。同样,个体也是通过本人的社会实践与变革对社会产生反作用,从而使自己的心理面貌也随之发生巨大变化。例如,在社会经济体制改革的热潮中,某工厂厂长提出了一项先进的改革方案,带动了其他工矿企业的革新,从而为我国社会主义现代化建设作出了贡献。而这位厂长在推广和普及其改革经验的过程中,自身的心理面貌也发生了新的变化。

(二)社会心理学定义解析

上述定义可以从三个方面来领会。

1. 社会心理学强调社会与个体之间的相互作用

研究社会心理学必须从社会与个体相互作用的观点出发,这是考虑问题的着眼点。作为个体的人,总是处于与社会群体或他人的交往之中,通过相互交往建立一定的人际关系,形成某种人格特点,产生形形色色的社会心理现象,这就是正确理解与把握社会心理学实质的出发点。

人类的社会是一种有组织的社会,这种有组织的社会从结构上看,可以分为宏观结构的社会与微观结构的社会。宏观结构的社会是指国家、民族、阶级等;微观结构的社会是指家庭、学校、社区、工厂等。宏观结构的社会与个体的相互作用是间接的,而微观结构的社会与个体的相互作用则是直接的。一般认为,宏观结构的社会通过微观结构的社会对个体发生作用,个体也通过微观结构的社会对宏观结构的社会发生作用。作为个体的人一旦降临人世间,必然落到一个具体的家庭内,随后进入某所学校、工厂等单位;而任何一个学校、家庭、工厂等单位总是处于由特定的政治、经济、文化等许多因素交织起来的社会网络之中。于是,社会的宏观世界就通过微观世界对个体施以一定的影响,而个体也通过微观世界对宏观世界发生影响。

2. 社会心理学重视对社会情境的探讨

社会心理学最关心的问题乃是个体所处的具体的社会环境,即社会情境(social situation)。社会情境是社会心理学中的一个重要概念,它确定了一种基本的研究立场。所谓社会情境,乃是与个体直接相关联的社会环境,它包含个体与社会环境的相互作用,是与个体心理相关的全部社会事实的组织状态。社会情境与社会环境的主要区别有以下几点:社会环境包括整个社会存在与社会意识,而社会情境则是社会环境中的某些特定部分;社会环境对个体而言是纯客观的,不同个体可以处于同样的社会环境之中,而社会情境则是主观与客观的统一,不同个体总是处于不同的社会情境之中;社会情境是被个体所意识到并直接影响个体心理的,而社会情境以外的社会环境则是在未被个体所意识到的情况下,间接地对个体心理发生影响,其作用犹如社会情境的背景。

社会心理学十分重视个体与社会情境间的关系。以小孩不慎摔倒为例,同样是摔倒,同样是感到疼痛,但在不同的场合、不同的社会情境下,孩子会发生不同的反应。孩子若在家里摔倒了,他看到、听到或想象到妈妈来安慰自己,多半会哭叫起来;孩子若在学校里摔倒了,他看到、听到或想象到老师和同伴来鼓励自己,多半会坚强地爬起来而不哭,以显示自己的勇敢。另外,同样是摔倒,在不同的社会情境下,其疼痛感受程度也不同,或者感到痛得厉害,或者感到不怎么痛。总之,人们的不同社会心理反应,是受当时的社会情境所制约的。

3. 社会心理学亦重视个体的内在心理因素

社会心理学虽然强调社会情境的影响,但在相同的情境下,由于人们的内在心理因素不同,必然会产生不同的反应。所谓个人的内在心理因素,主要指人格(personality)的各种心理特征(psychological characteristic),如性格(character)、动机(motivation)、情绪(emotion)、态度(attitude)、价值观(value idea)、自我意识(self-consciousness)等。这些心理特征都能对社会心理产生一定的影响。

同样以孩子不慎摔倒为例。即使在同样的场合、同样的社会情境下,由于每个孩子内在的心理因素不同,反应也会不同。性格坚强的孩子摔倒了多半不会哭叫,而性格怯懦的孩子往往会哭叫起来。若其痛觉敏感的话,则其哭叫反应尤为明显。这一事例说明,人们的社会心理活动存在着个别差异，它是以人的内在心理因素为中介，所以研究社会心理学不能忽视人与人之间的个别差异。根据这个原理，社会心理学要重视各种社会心理现象中的心理过程，包括内隐的知觉、想象、思维、动机、需要，以及外露的情绪表现、动作表现等。

二、社会心理学的研究对象

从社会心理学的起源来看，它是在社会学、心理学和文化人类学等母体学科的基础上形成的边缘学科，是社会学、心理学和文化人类学在解释人类行为及其与社会、文化、人格的关系时彼此接近、相互渗透的结果。从社会心理学的研究对象、方法和理论体系来看，它是一门独立学科。社会心理学虽然是在社会学、心理学和文化人类学等母体学科的基础上形成的，但它既不是某一学科的附属物，也不是上述学科的简单拼凑和混合。社会心理学主要研究社会行为背后的社会心理过程及其规则性。

社会行为是人因社会因素引起的并对社会产生影响的反应系统，包括个体的习得行为、亲社会行为、反社会行为、人际合作与竞争、群体的决策行为等。

> 勒温的公式：$B = f(PE)$
> B 即行为，P 即个体，E 即个体所处的情景，f 即函数关系。

行为是个体及其情景的函数。个体行为是个体与其所处情景相互作用的结果。

首先，社会行为是生活在特定社会生活条件下，具有独特的文化和完整的人格结构的人对各种简单与复杂的社会刺激作出的反应，是对包括他人行为在内的社会刺激的反应，同时又能够成为他人行为的刺激。换言之，社会行为既具有主动性又具有受动性，并且也因此在社会生活中具有互动性。

其次，社会行为是包括内在体验过程和外部表现过程的"连续系统",也就是说它既具有内隐性,又具有外显性。在这里,内在的体验过程(即我们通常所说的狭义的心理过程)是外在的表现过程(狭义的行为过程)的基础、潜在状态,或曰准备阶段。

再次,社会行为的主体既包括作为群体成员的个体,也包括由这些个体组成的规模不等的群体,也就是说它既具有个体性又具有群体性。

专栏 1-1　社会心理学之父——勒温

勒温(K. Lewin,1890—1947 年,图 1-1),德裔美国心理学家,现代社会心理学的创始人,常被称为"社会心理学之父",群体动力学和组织发展的最早研究者。勒温对现代心理学,特别是社会心理学,在理论与实践上都有巨大的贡献。

图 1-1　勒温

心理场学说论　心理场是勒温心理学体系中的一个最重要的概念,同时也是其理论的核心。场这个概念是勒温从物理学中借用过来的,勒温认为心理场就是人的生活事件经验和未来的思想愿望的总和,它随着个体年龄的增长和经验的累积在数量上和类型上不断丰富和扩展。同时每个人的心理场又有个别差异性,但总的来说,一个人的生活阅历越丰富,则他的心理场的范围就越大,层次也越多。

勒温用 $B = f(PE)$ 这一公式来解释场理论,即是说行为是随着人与环境这两个因素的变化而变化。为了更确切地具体分析一个人在特定情境中的行为,勒温提出了心理环境这一概念,心理环境也就是实际影响一个人发生某一行为的心理事实(有时也称事件)。

参与改变理论　勒温为了研究个体在群体中的活动对态度改变的影响,他做了一个实验:第二次世界大战期间,美国由于食品短缺,政府号召家庭主妇用动物的内脏做菜。而当时美国人一般不喜欢用动物的内脏做菜。勒温以此为题,用不同的活动方式对美国的家庭主妇进行态度改变实验。其方法是把被试者分成两组,一组为控制组,一组为实验组。对控制组采取演讲的方式,亲自讲解猪、牛等内脏的营养价值、烹调方法、口味等,要求大家改变对动物内脏的态度,把动物内脏作为日常食品,并且赠送每人一份烹调内脏的食谱。对实验组勒温则要求她们开展讨论,一起讨论动物内脏的营养价值、烹调方法和口味等,并且分析使用动物内脏做菜可能遇到的麻烦,如家人不喜欢吃的问题、卫生问题等,最后由营养学家指导每个人烹调,结果控制组有3%的人开始用动物内脏做菜,实验组则有32%的人开始用动物内脏做菜。由此可见,由于实验组的被试者是主动参与群体活动的,她们在讨论中自己提出某些难题,又亲自解决这些难题,因而态度的改变非常明显,速度也比较快。而控制组的被试者是被动地参与群体活动,很少把演讲的内容与自己相联系,因而,其态度也就难以改变。基于这一实验,勒温提出了"参与改变理论",认为个体态度的改变与参与活动的方式相关。后来,这个理论在管理中得到广泛应用,也取得了一定的成效。

第三节 社会心理学的学科性质

社会心理学是介于心理学、社会学、文化人类学等学科之间的一门边缘学科,这是由社会心理学的研究对象本身的特点所决定的,它既受心理因素的制约,又受社会因素的制约。社会心理学除了用心理学的观点与理论阐明社会与个人之间的相互作用,揭示其心理机制外,还广泛吸收社会学的研究成果,从而使社会心理学成为社会学与心理学这两个领域交叉点上的学科。尽管今后社会心理学的发展还要继续从有关学科中吸取养料,但是,现代社会心理学已经从心理学、社会学两门学科中脱胎而出,成为一门具有独特观点及理论体系的独立的新学科,并且将在今后的社会生活中发挥更大的作用,这是毋庸置疑的。

一、社会心理学与心理学的关系

学者们针对社会心理学与心理学的关系,提出了不同观点,兹列举三种分述如下。

(一)传统的观点——社会心理学是心理学的一个分支

许多社会心理学家认为,社会心理学与心理学的关系是局部与整体的关系。正如奥尔波特所指出的那样,心理学的所有分支学科都是研究个体的,作为社会心理学,当然是心理学的一个部分(Allport,1968)。心理学是包罗万象的,可生发出教育心理学、医学心理学、发展心理学、实验心理学、社会心理学等。按照这一观点,社会心理学与心理学的其他分支是并列关系。

(二)洛莫夫的观点——社会心理学是心理学的主干之一

20世纪70年代中期,苏联心理学家(洛莫夫,1965)将系统论的思想引入心理学以后,在心理学界形成了一股重要的理论思潮,对苏联心理学的发展起着重要的作用。心理系统观就在于把人的心理看成是一个由各种不同成分所构成的多水平、多层次系统。这一观点有助于我们进一步探索人的心理生活,彻底摆脱传统观点的影响,并对日益分化的心理学加以整合。

(三)吴江霖的观点——社会心理学是心理学的一大支柱

我国学者吴江霖认为,心理学以社会心理学和生理学为其两大支柱。他指出,心理的实质乃是人脑对外界事物的反映,因此心理必须研究人的心理活动的神经生理基础,研究大脑活动的生理机制,这是生理心理学的任务。但人的心理活动绝不是单纯的神经生理活动,人不是在真空管里成长起来的,一个人从母体分娩出来后就在一个特定的社会环境中接受各种社会因素的影响,因此,这方面的问题需要由社会心理学来研究。(吴江霖,1991)

二、社会心理学与社会学的关系

社会心理学的形成与发展和社会学的关系十分密切。

(一)社会学家对社会心理学的贡献

在社会心理学形成与早期发展的过程中,许多社会学家起了重要作用,他们对社会心理学的理论研究作出了很大贡献。法国社会学家迪尔凯姆(É. Durkheim)提出"集体表象"的概念,认为相互作用的情境能产生自然形成的规范,这些规范具有外化特性的强制力,制约着人们以后的行为。法国还有另外几位社会学家,如塔尔德(G. Tarde,1843—1904)、勒朋(G. LeBon,1841—1931)等人,主要研究人类面对面相互作用中的调节过程,注重模仿、暗示和同情等概念。美国社会心理学家罗斯出版的《社会心理学》(1908 年),从社会学的角度,集诸多学者之大成,对社会心理学进行系统阐述。此外,还有英国的斯宾塞(H. Spencer,1820—1903)对社会心理学的形成与发展也起了重要作用。

上述社会学家的理论与观点还形成了社会学的心理学派。社会学心理学派认为哲学与人类科学应建立在心理学的基础之上,甚至认为,心理学是一切科学的基础,应主导其他一切人类科学。

(二)社会心理学与社会学在理论与方法上彼此相通

社会心理学与社会学在理论方面有许多相通之处。它们都非常重视通过社会环境与个人相互作用的关系来分析人们的社会心理活动;都非常注重对人的社会关系和社会行为的研究;都互相倚重对方的研究成果。社会学借助社会心理学的研究成果,完成了人与社会系统中的心理分析,而社会心理学则借助社会学的研究成果,成功地把人的心理活动置于社会分析的基础之上。最近,社会学的研究工作愈来愈强调心理学的因素和概念。心理学家通过调查也了解到,掌握人的社会关系对了解一个人的心理特点很重要。这方面研究的杰出代表是鲍德温(J. Boldwin)和罗西(S. Royce)。在他们的研究中,模仿、发现和社会判断等行为得到了充分解释。

在研究方法方面,两者也有共同之处,即双方都采用实验、测验、问卷及谈话等方法,但社会心理学更多地运用实验和测验,社会学则更多地采用问卷和谈话。

(三)社会心理学与社会学在研究课题上同中有异

社会心理学与社会学在分析某些社会事件时有不同的角度与出发点。两者对个人的价值观、动机、需要等都很感兴趣,研究方法也十分相近,但有所区别。社会学比社会心理学更概括。例如,对犯罪现象的研究,社会学家需要考虑的是种族的差别、教育程度、社会经济地位、居住地区等社会因素与犯罪率高低的关系。他们研究的问题不是一个人为什么会犯罪,而是在研究具有什么社会属性的人有更大的犯罪可能性。社会心理学则主要研究犯罪的动机:人为什么要犯罪,这种犯罪的动机是如何形成的,它是怎样通过直接的社会交往及其他因素的影响而形成的,等等。

三、社会心理学与文化人类学的关系

文化人类学是社会心理学的另一个重要来源。许多文化人类学家对社会心理学的形成和发展也作出过重要贡献。如马林诺斯基(B. Malinowski,1884—1942)、米德(G. H. Mead,1863—1931)、本尼迪克特(R. Benedict,1887—1948)等。在理论和方法方面,社会心理学深受文化人类学的影响,并且这种发展趋势越来越明显。文化人类学通过实地考察所搜集到的丰富而生动的素材,对社会心理学一些问题的阐明具有重大价值。例如,社会化是社会心理学的中心课题,运用文化人类学家所积累起来的研究成果是很有说服力的。

文化人类学家在进行比较文化研究时,需要引进社会心理学的方法与技术,如实验法、测验法等研究方法在比较文化的研究中十分必要,并且需要运用统计学方法对研究结果加以处理,进行定量分析。对于文化人类学研究中面临的一些问题,若用社会心理学的基本理论与基本知识予以解释,可能更为恰当。例如,关于原始宗教的作用,用暗示、感染的原理来给以解释,有更大的说服力。两者也有区别:社会心理学研究的是个体与个体、个体与群体的相互作用;而文化人类学则侧重对人类文化或社会中的生活方式作宏观研究,如要进行民族性格方面的研究,人类学家即是通过研究各民族的育儿模式,以揭示文化与性格的关系。

第四节　社会心理学的基本理论与基本研究内容

一、基本理论

(一) 实验社会心理学

心理学家奥尔波特(图1-2)在特里普利特(N. Triplett)和莫德(W. Moede)所进行的有关群体对个人行为影响的实验的基础上,于1916—1919年间进行了一系列有关"社会促进"的实验,他观察到:"合作群体中存在的社会刺激,会使个人工作在速度和数量方面有所增加。这一增进在涉及外部物理运动的工作中要比纯智力工作中表现得更为突出。"他出版的那本包括了这些实验成果的《社会心理学》影响很大,使社会心理学的研究建立在实验和可操作的概念之上。《社会心理学》的出版被公认为是实验社会心理学诞生的标志。实验社会心理学最重要的特征是以实验方法研究社会心理现象。

图1-2　奥尔波特

(二)社会学习理论

社会学习理论是由美国心理学家班杜拉(A. Bandura,1925—2021,图1-3)于1977年提出的。

图1-3　班杜拉

它着眼于观察学习和自我调节在引发人的行为中的作用,重视人的行为和环境的相互作用。班杜拉的社会学习理论对社会心理领域有着重要贡献。该理论有如下要点:

(1)强调人的行为和环境的相互作用。由于人的行为和环境的相互作用,个体建立了为应付环境而习得的行为模式。

(2)强调认知因素。由于人类能够用符号来思考及提出问题,因此能够预见行为的结果,并依此来改变行为或激发某种行为。

(3)强调观察学习。人类的许多行为模式都是观察他人的行为及其后果而习得的。班杜拉特别重视模仿对象(榜样)的特征对激发特定行为的重要性。

(4)强调自我调节过程。人的某种特定行为既对外界产生影响,也会产生自我评价的反应。行为的增强或消失来源于外界反应和自我评价,并且个体通过自我强化或自我惩罚来加强对行为的自我控制。

(三)社会认知理论

社会认知理论来源于格式塔心理学(Gestalt Psychology),又叫完形心理学。该学派主张心理现象最基本的特征是个体在经验中所呈现的结构性或整体性,认为整体不等于部分之和,个体经验不等于感觉和情感等元素之总和,对新事物的理解是对已有结构(经验)的突然改组。20世纪50年代,阿希(S. E. Asch)、费斯廷格(L. Festinger)等人用该理论解释社会心理现象,随后发展为社会认知理论。

社会认知理论的主要观点如下:

(1)强调认知结构的意义,认为认知是个体以已有的知识结构来接纳新知识,同时,旧知识结构也从中得到改造与发展。这就是说,个体在特定的社会情境中,并不是简单地接受外界刺激,不管外界情况显得怎样随意和凌乱,个体总是根据已有经验,把外界刺激组织成简单的、有序的形式并对其加以解释。

(2)个体对情境的组织、解释和认知也决定了自己在特定情境下的行为方式。例如,个体遇到他人时,首先确定场合,对方的职业、地位、性格等个人特征,对方在做什么,其意图、动机及对自己的期望是什么,然后再作出相应的反应。

该学派以社会认知理论为基础,结合其他有关理论,已发展出了许多理论,如归因理论(attribution theory)、社会比较理论(social comparison theory)、认知平衡理论(cognitive consistency theory)等。

(四)精神分析理论

精神分析学派的代表人物是奥地利人弗洛伊德(S. Freud, 1856—1939,图1-4)。他所创立的精神分析学的主要基石是在《梦的解析》(1900)和《精神分析引论》(1917)等著作中提出的潜意识理论和三重人格结构说,但他涉足社会心理学的标志则是1913年《图腾与禁忌》一书的出版。在这部著作中,弗洛伊德借助文化人类学的资料进入了社会心理学,用他的"俄狄浦斯情结"这一核心假设来说明包括社会心理在内的一切社会现象的起源。他用潜意识、性欲、生之本能、死之本能等概念来解释人们行为的内驱力;认为人格是由本我(ego)、自我(self)、超我(superego)三个层次所组成,这三者的关系决定个体的行为,并以冲突、焦虑和各种防卫作用等概念来解释三者的复杂关系。弗洛伊德还强调儿童的早期经验在个性形成中的作用。该理论对人的社会化、挫折反应、侵犯行为等问题作了独特的分析。

图1-4　弗洛伊德

(五)符号交互作用理论

符号交互作用理论的代表人物是米德(G. H. Mead,1863—1931,图1-5)。他的研究显然代表着社会心理学的社会学取向,因为"米德分析的出发点,不是个别个体,而是被理解成群体中、社会中个体交互作用过程的社会过程"(安德列耶娃,1984)。该理论认为符号主要是指语言的意义,语言能使人认识自己和他人的行为,使这些行为成为有意义的客体。例如,甲向乙发出的刺激,即传来一个符号,乙据此作出反应;反过来,乙的反应对甲来说也是一个刺激,即构成一个符号,甲据此也对乙作出反应,这就是所谓符号交互作用。该理论有三个主要假设:①人对外界事物所采取的行动是以该事物对他的意义为基础的;②某些事物的意义来源于个体与他人的互动,而不存在于这些事物本身之中;③当个体在应付他所遇到的事物时,是通过自己的解释去运用与修正这些意义的。

图1-5 米德

符号交互作用理论的主要观点如下:

(1) 心智、自我和社会不是分离的结构,而是人际符号互动的过程;三者的形成与发展都以使用符号为前提。

(2) 语言是自我形成的主要机制。人与动物的主要区别就是人能使用语言这种符号系统。人际互动是通过语言进行的。

(3) 心智是社会过程的内化,内化的过程就是人的自我互动过程,个体通过人际互动学到了有意义的符号,然后用这种符号来进行内向互动并发展自我。

(4) 行为并不是个体对外界刺激的机械反应,而是在行动的过程中自己"设计"的。个体在符号互动中学会在社会允许的限度内行事。

(5) 个体行为受其自身对情境的定义的影响和制约。人对情境的定义,表现在个体不断地解释所见所闻,赋予各种事物意义。

(6) 在个体与他人面对面的互动中,协商的中心问题是身份和身份的意义。

(7) 自我是社会的产物,是主我和客我互动的结果。主我是主动行动者,客我是通过角色获得形成的在他人心目中的我,即社会我。行动由主我引起,受客我控制,前者是行为动力,后者是行为方向。

符号相互作用理论把社会相互作用解释为符号交换、直接沟通,人们能想象他人或群体怎样看待自己,即个体自己能扮演他人或群体的角色,相应地解释情境,并决定自己如何行动。具体地说,人们之间是相互作用与相互影响的,这种相互作用与相互影响是通过人们创造出来的语言符号进行的;人们不仅生活在一个物质世界中,而且还生活在一个自己用语言符号创造出来的符号世界中,人们对周围世界的反应就是对符号世界的反应,是以符号世界为立足点,而不是以现实物质世界为立足点。

总之,该理论认为:人们的心理就是一切符号行为,人们之间心理上的相互作用与相互影响实际上就是符号的交互作用,因此研究人的心理活动也就应该研究人的语言符号活动。

除了上述几种主要理论外,还有人本主义理论(humanistic theory)、遗传决定论(hereditary determination theory)等。

对这些理论,我们尚不能也不必作出何者正确、何者错误的评论。现实情况是,每种理论在说明某些问题时可能有道理,而在解释另一类问题时却显得不理想,这说明它们的存在并不意味着彼此否定,可能在一定程度上相互包含或补充,只是对社会心理现象的解释强调了不同的侧面,形成各自的概念与体系而已。可以认为,上述理论对于我们理解人们的社会心理与社会行为都是有所启发的。

二、社会心理学的基本研究内容

(一) 不同层次的社会心理现象

1. 个体社会心理

社会心理学研究特定社会情境中的个体行为,即研究个体的社会动机、社会认知、社会态度、社会学习等问题。针对个体社会心理的研究课题主要有以下类别:①探讨影响个体心理特征形成的社会因素。社会心理学旨在揭示个体心理受哪些社会因素制约,社会因素对个体心理如何发生作用,发生什么具体作用及各社会因素发生作用的特点。②探讨社会结构与社会过程对个体社会化的意义,揭示人际互动模式,以及领导方式对个体社会化的作用,并且探讨个体的动机、认知、态度等形成与发展的过程与特点等。

2. 群体社会心理

对社会群体进行分析、揭示群体的静态结构与群体的动力学原理,这是社会心理学最主要的研究领域,研究对象主要是群体的各成员之间、群体与个体之间、群体与群体之间的相互作用。关于群体社会心理的研究课题主要有以下类别:①人际互动。着重探讨人际交往与人际关系的结构与方式。②群体内聚力。探讨合作群体的结构、因素、心理机制及各成员之间的相互关系。③群体的社会心理气氛。探讨群体内各成员之间在认识、情感、行为和道德规范方面相互影响所形成的社会气氛对成员心理的影响等。

3. 大众社会心理

大众社会心理以人群(众多人的集合)的心理、行为反应特征及其形成过程为研究对象。在现代社会中,大众传播媒介能在短时期内将信息广泛地传递给人们,在一定程度上缩小了个体差异、群体差异、地区差异。在某些问题上,由于人们相互作用而发生所谓大众社会心理现象,如模仿、恐慌等,社会心理学要研究这些现象产生的客观原因、心理机制及社会控制与引导等。

以上三种层次的社会心理现象是相互影响而不是截然分开的。一方面个体行为受群体中公认的规范与准则制约,使个体的价值观、信仰等被群体所认同;另一方面群体的观念也受个体影响。不同层次的社会心理现象的关系是辩证的,每一层次不仅代表一种统一体,而且是一个不断创新的过程,因此,不同的研究者侧重于某种层次上的研究,但若要了解一个人,必须从不同层次上进行全面分析。

(二)应用社会心理学

应用社会心理学用社会心理学的原理与研究方法阐明人际关系、社会行为等实际问题,并提出对策,主要是分析、解释和解决社会现实问题。应用社会心理学既可以对具体问题进行微观分析,也可以对整个社会及其进程进行宏观分析,所以它是阐明、解释和解决社会现实问题的一门实用的科学。应用社会心理学主要在教育、工业、司法、临床医学、军事等各个领域内建立分支社会心理学。社会心理学的分支学科除了遵循某些共同理论和方法论原则外,又各有其独特的研究对象、特定的研究方法、完整的体系结构。

应用社会心理学可分为两大类:一类是边缘性的应用社会心理学,它和其他一些学科相互渗透,最终交融为新的体系,如工业社会心理学、教育社会心理学、临床社会心理学、老年社会心理学、环境社会心理学等。另一类是专业性社会心理学,基本上是运用社会心理学的原理与方法解决特定领域、生活方式或某一特定人群的问题,并且不断发展衍生而形成新的体系:①以社会生活中的客观领域或部门的问题作为研究对象,如政治心理学、文化心理学、军事心理学、司法心理学、宣传心理学等;②以狭义的生活方式所包含的各方面的问题作为研究对象,如消费心理学、婚姻心理学、职业心理学、服饰心理学、旅游心理学等;③以社会中某一特定人群(民族、集体、领导者、教徒等)的某些问题为研究对象,如民族心理学、领导心理学、宗教心理学等。此外,还有所谓反社会行为和社会行为异常或病态的异常社会心理学。

 思考题

1. 何谓社会心理学？
2. 社会心理学的研究对象是什么？
3. 试述社会心理学产生的背景和发展过程。
4. 举例对复杂社会心理现象进行规律性描述。

拓展阅读

第二章　社会心理学研究方法

社会心理学的研究涉及人与人之间相互影响的所有领域,其研究对象一般是人们熟悉的日常生活中的行为。社会心理学的大部分内容人们听起来很熟悉,但对其产生的原因及其依存条件却不甚了解。某种社会心理现象为什么会出现?依存于哪些主客观条件?这类问题不能依靠经验来认识,必须用科学的方法进行客观的研究,以揭示个人与社会相互作用下,心理活动发生、发展与变化的规律和特点,以便能有效地理解、预见和控制人们的社会行为,并使社会心理学的基本原理在实际生活的各个领域更好地发挥作用。

第一节　社会心理学的方法论与伦理原则

任何学科,不论是自然学科还是社会学科,从研究设计、确定指标、制定实施程序、资料搜集直到结果分析、作出结论等每一步骤都必须遵循一定的方法论与共同原则。

一、社会心理学的方法论

人不仅具有生物属性,更具有社会属性。社会不仅包含个体所在的家庭环境,也包含更广范围的朋友同伴和社会环境。人的心理现象在产生和发展的过程中,因为外在社会环境的不同,而出现巨大差异。人的心理活动从形式到内容都具有某种社会特征,心理现象是社会意识的某一瞬间。社会心理学的方法论是一般方法论原则在社会心理学领域中的体现。

(一)心理学方法论原则

心理学方法论原则(principle of psychological methodology)采用分析的方法进行研究,把社会群体表现出来的情感、情绪、意向、态度看作群体中个体的心理状态。因此研究者要把注意力放在个体的心理状态上,要根据个体的心理状态来判断群体的心理状态,并且根据个体的心理特征和性质来确定群体的特点和性质。可以认为,这种方法比较适用于研究人与人之间的关系,尤其是处于直接相互影响着的小群体内部活动范围内的人们的关系。

总之,心理学方法论原则重视把研究个人和群体相互关系的社会心理看成是社会心理学的基本研究任务。

另外,在研究个体的社会心理现象如动机、认知、态度等问题时,心理学方法论原则是十分必要的。

(二)社会学方法论原则

社会学方法论原则(principle of sociological methodology)把社会结构作为根本的着眼点,而把社会心理现象看作超个体的构成体,这些社会心理现象不能归结为各个个体的心理状态。当然,如果在使用社会学方法时,不把群体心理与个体心理辩证地统一起来,那么判断社会群体心理,特别是判断大群体(如阶级的、国家的、民族的)心理时,就无法深刻地提示和解释构成群体心理现象的机制。社会学方法论原则是重要的。使用这种方法论原则,首先应该研究社会的阶级、阶层的心理素质,一定历史时期的民族心理素质、社会情感和情绪在各种社会共同体心理中对社会环境的反映,以及各种社会变动(革命、战争、危机等)和社会意识形态的社会心理成分,并且要研究这些成分的机制。

总之，社会学方法论原则研究的对象是群众性的心理现象，它的任务是揭示社会心理现象的起源，确定它们与社会主体的从属关系，为分析社会心理规律提供可能性。

上述两种方法论原则偏于任何一种都会导致研究的片面性，将会限制社会心理学的发展。苏联时期的许多学者虽然重视社会学方法论原则，但很少运用这一原则去研究阶级心理和民族心理等社会大群体的社会心理规律及其机制。他们认为将两种方法结合起来进行研究是最理想的，可以相互补充。

心理学方法要求分析心理过程，但是对心理过程的研究主要局限于人与人之间关系的层次上。社会学方法是研究人们的大群体的心理，着眼点是在心理的社会决定性方面，而不是去揭示人们的行为和活动的心理机制。将社会学方法和心理学方法结合在一起，用以揭示大群体特有的心理过程和心理机制，可以克服两者的局限性。运用这种特殊的研究方法有三方面的优越性：①可以更为严格地确定作为一门科学的社会心理学的研究对象；②可以把社会心理学看作是处于心理学与社会学接合点上的一门独立的社会学－心理学学科；③可以使心理学家和社会学家加强协作，共同研究社会心理学。

(三) 比较文化方法论原则

比较文化方法论原则(principle of cross－cultural methodology)强调应对社会心理现象进行比较文化的研究，以揭示各种文化因素对社会心理的制约关系和社会心理差异的文化根源。

由于比较文化研究是比较不同文化背景下，个体或群体心理的共同点和差异，因此研究结果具有更普遍的意义。比较文化研究可以采用许多具体的研究方法和技术，它不是社会心理学研究的某一种具体方法，而是一种研究途径，或专门的原则。目前，比较文化研究已成为国内外社会心理学者十分热衷的研究方法。我国是一个拥有多民族的国家，比较文化的研究，无疑能为我国社会心理学的发展提供更多的信息,更好地为我国各民族的社会发展服务。进行比较文化研究时应注意以下几个问题。

1. 比较文化研究要有利于促进我国各民族的团结和发展

某些西方学者进行的比较文化研究,往往会得出加深民族偏见的结论。这些学者通常的做法是用在自己文化中发展起来的研究工具,探测不同文化背景下人们的心理特点。他们用这些工具在自己的文化中建立常模,并且认定它是人类进化的最高标准,然后用同样的工具去测量其他文化背景的人,当他们发现与自己建立的常模有差异时,就认为这些文化还处于低级阶段。美国心理学家科尔伯格(L. Kohlberg,1927—1987)的道德发展(moral development)研究就有这方面的意味。他认为道德发展的最高阶段就是把自己的行为准则放在群体的契约之外,忽略公众所建立的标准。有些学者批评这些假设带有强烈的西方个人主义的色彩,用这样的角度研究的问题,肯定了个人主义的价值观,同时也显示了个人主义的"优越性",这是非常片面的。

如果我们的研究也步西方学者的后尘,一方面不利于民族团结,另一方面也不会有什么实际意义。如果研究者的视野开阔些,悉心研究比较各民族的性格类型(如开朗、含蓄)或思维特点(如抽象、形象)等方面,则将促进对各族人民心理特征的理解,从而取长补短,相互学习。

2. 比较文化研究要确定客观、公正的研究工具

如上所述,比较文化研究往往会导致错误的结论,这除了研究者持有偏见外,也与他们的研究工具不够公正有关。以比较文化研究中进行的心理测验为例,文化偏向(cultural bias)往往体现在以下三个方面:一是测验的内容和性质。如果测验是用单一语言文字表达的,就不利于其他民族。二是测验实施的方式。如果测验时的指导语都用城市居民熟悉而农村居民陌生的词语,那么也显然不利于生

活在农村地区的人们。三是测验结果的解释方式。如果测验的结果就事论事,不加分析,那显然会得出片面的结论。因此有学者主张"文化公平测验",即不偏于任何特定文化阶层成员的测验,这种测验基本上排除了文化背景对测验结果的影响。

以上仅分析了心理测验在比较文化研究中如何做到客观而公正,其他的一些具体做法都应该注意遵循同样的原则。

3. 比较文化研究要有明确的、有实用意义的目的

我国幅员辽阔,民族众多,地区性差异很大,进行比较文化研究时,要注意其目的性与实用性。首先,应该根据实际情况注意研究工具的适用性;其次,研究的目的并不在于比较几种文化背景下人们的行为或心理水平的高低、优劣,而是寻找彼此之间不同于其他群体的特点,为有关方面提供信息,使我们的工作做得更加符合人们的心理规律,更为有效。例如,了解不同文化背景下(城市与农村、沿海与内地、不同民族)人们兴趣爱好的差异,将有助于设计并生产出适合各种人群的产品,以便满足他们各自的需要。又如,在教育领域,教育工作者了解不同文化背景下人们的气质与性格特点,将有助于他们有的放矢地开展工作等。

二、社会心理学的伦理原则

根据《中国心理学会临床与咨询心理学工作伦理守则(第二版)》等各种心理专业人员伦理守则,社会心理学研究者必须遵守下列伦理原则。

(一)保护被试的身心健康

社会心理学研究中不管采用哪一种方法,最重要的一条原则,就是不能影响被研究者的生理与心理健康。在研究过程中,不应该施加任何恐怖、烦扰以及情绪冲击等不良刺激,并且应该避免会产生不愉快、疲劳感等的研究程序。

应该根据自愿原则而不能采取强迫手段让被研究者参加实验或接受调查。在研究过程中，被研究者具有中途提出停止活动的权利。那么，为了尊重被研究者的意志，研究者能否采取公开征求志愿者的形式呢？这种办法固然不违反伦理原则，能反映被研究者的意愿，并能保证研究工作的顺利进行，但亦有不妥之处：一是志愿者可能产生迎合心理（ingratiation）或逆反心理（rebelliousness）；二是志愿者充当研究对象，可能缺乏代表性，不符合研究取样随机化的要求，故研究结果的普遍意义不大。

（二）对被试的个人资料严格保密

研究者在研究过程中所收集的有关被研究者的任何个人资料都不可任意公开。社会心理学经常要研究人们的动机、态度等问题，如个人对宗教信仰、对他人、对现实生活中所发生的事件的看法，以及私人的一些生活逸事等，另外诸如被研究者是否真诚、是否富有智慧和勇气等人格特征，在未取得本人同意之前，一概不得外传，即使要作为素材反映在研究报告中，也应作化名处理，并应将那些从个人那里获得的具体资料加以分解。

（三）慎选研究策略

社会心理学研究中，为了排除一些不必要的干扰，获得客观结果，常常要请工作人员充当被研究者或扮演其他角色。这是出自研究工作的需要，而不是欺骗行为。研究者为了获得可靠的数据，不得不请其同伴参与到研究情境之中，这一般也是允许的。例如，研究助人行为时，研究者"同伴"扮演了不同的求助者，就是为了能更好地控制环境，避免其他偶然因素的干扰。

另外，社会心理学通常对被研究者出示非真实目的，即假目的，这不能看作不尊重被研究者的自尊心，更不是欺骗行为。研究时，为了排除被研究者隐藏其真实行为的可能性，不论是实验室还是现场研究，往往要隐瞒研究的真实目的与意图，这是一种研究策略，是正当行为。可以认为,研究者出示假目的的动机纯粹是为了获得可靠的结果,并无他意,也不会危害被研究者的身心健康。例如,研究暗示对人们的影响时,就不能向被试讲清目的,否则就无法顺利地进行暗示。以霍桑实验为例,如果向被试讲清目的与意图,就不可能产生所谓的霍桑效应(Hawthorne Effect)。

> 霍桑效应:20世纪二三十年代,美国研究人员在芝加哥西方电力公司霍桑工厂进行的工作条件、社会因素和生产效益关系实验中发现了实验者效应,称为霍桑效应。实验的第一阶段是从1924年11月开始的工作条件与生产效益关系的实验,设实验组和控制组。结果不管提高还是控制照明度,实验组的产量都上升,而且照明度不变的控制组产量也增加。另外,又针对工资报酬、工间休息时间、每日工作长度和每周工作天数等因素进行实验,也看不出这些工作条件对生产效益有何直接影响。第二阶段的实验是由美国哈佛大学教授梅奥领导的,着重研究社会因素与生产效率的关系,结果发现生产效率的提高主要是由于被试在精神方面发生了巨大的变化。被试被置于专门的实验室并由研究人员领导,其社会状况发生了变化,受到各方面的关注,从而使被试形成了参与实验的感觉,觉得自己是公司的重要一部分,进而被激励,促使产量上升。产量的上升并非是由实验因子的参与而发生作用的。这就需提请研究人员注意,如果在实验中采用盲实验(blind experiment),不让被试知道自己是在做实验,或以另一假目的来代替,即可克服这种效应,从而增加研究结果的可信性。

第二节 社会心理学的研究方法

社会心理学有许多具体研究方法和技术,主要有观察法、实验研究法、调查研究法、心理测验法等。

一、观察法

观察法(observation)包括参与观察与非参与观察两种。

(一)参与观察

参与观察是观察者进入被观察者的社会环境或社会关系之中进行观察、搜集资料的一种研究方法。在这种观察状态下,由于研究者或是作为被观察群体的一员,或是作为被观察群体可以信赖的"外人"出现,所以可减少对所要观察对象的干扰,使被观察者作出比较自然的反应。根据参与的程度,参与观察分为完全参与观察与半参与观察。

> 怀特的《街角社会:一个意大利人贫民区的社会结构》是运用参与观察法的典范之作。在从事研究的那些日子里,怀特以被研究群体——"街角帮"一员的身份,置身于被研究者的生活环境和日常活动之中,对闲荡于街头巷尾的意裔青年的生活状况、非正式组织的内部结构、活动方式,以及他们与周围社会的关系加以观察,并及时记录与分析,最后得出关于该社区社会结构及互动方式的重要结论。怀特写道:"街角帮的结构产生于帮的成员之间长时期的经常交往。多数帮的核心的形成可以追溯到成员们的少年时代,……街角青年也可能从这个地区内的某一处搬到另一处居住,但是他几乎总是会继续忠于他最初的街角。"[①]

(二)非参与观察

非参与观察中,观察者完全处于旁观者的立场,不参与被观察者的任何活动。这种观察法,由于一般不需要被观察者的配合,观察者反而能够做到客观冷静。但是,这种方法也往往会对观察环境和被观察者造成较大的干扰,从而导致观察结果的失真。

二、实验研究法

实验研究法(experimentation)旨在控制一切估计会干扰实验结果的各种因素,有目的、有组织地操纵某个因素,查明其对于被实验者

[①] 怀特.街角社会:一个意大利人贫民区的社会结构[M].北京:商务印书馆,1994:255.

的影响。实验研究之所以不同于其他研究,完全因为控制(control)这一因素。有控制的实验类似于自然科学中的实验。在社会心理学中,信度(reliability)和效度(validity)是通过运用有控制的实验设计所包含的三个重要特点才获得的。

实验研究既有优点,又有缺点。实验研究的最大优点是通过实验可以证明实验组与对照组两者出现的不同结果是由于实验因素引起的,从而揭示实验因素与被试反应之间内在的因果关系。但是,它并不适用于研究自然性偶发事件的影响,空袭、水灾、火灾、疾病等属于偶然事件,不能作为随意安排的实验因素。另外,实验法也不能有效地大量搜集许多资料,一次实验中一般只能注意到一两个因素。同时由于受到实验时长的限制,不能发现某些因素的持久影响力,而且实验研究也无法完全控制生活中的全部干扰因素,导致结果的可靠性降低。

实验研究可以分为实验室实验、现场实验及模拟实验等三种。

(一)实验室实验

实验室实验(laboratory experiment)一般是指研究者在严格地控制诸种外部变量的情况下,使被试集中注意力于其所感兴趣的变量的一种方法,如图2-1所示的感觉剥夺实验。这一方法最重要的特征就是研究者能够控制自变量和因变量,通过这种控制可以消除许多外来因素的影响,使得实验室实验具有较高的内在效度。

实验室实验的优点是其控制条件严格,可以避免许多其他因素的干扰,研究结果的说服力较强。社会心理学家迈尔斯(D. G. Myers)从建构理论的高度,充分肯定了实验室实验的作用。他指出,社会心理学家把观点和研究成果组织进理论体系中,一个好的理论可以把一连串事实提炼成简短的预见性原理,运用这些原理,我们可以证实或修改理论,引发新的研究课题,或提出实际应用的建议。实验室可以使社会心理学家脱离生活经验,证实这些理论,然后回到真

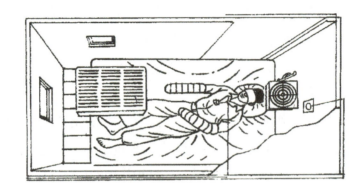

图 2-1 感觉剥夺实验

实世界中,应用这些原理或成果。"建构理论"在社会心理学家的研究中起着越来越重要的作用。

我们认为,社会心理学家不必完全否定实验室实验。有些较简单的社会心理现象,对实验室进行布置即与现实生活情境有较高的相似性,在实验室内进行研究是可行的。不仅如此,在极端情况下,有些社会心理现象的研究在实验室内进行更加易得出有效结论。但是,应该看到,实验室实验是关在实验室内进行的,脱离了活生生的社会生活,增添了人为因素,故其真实性较差。因此,对实验室实验的结果不能迷信,对其推广与应用,必须持慎重态度。此外,许多宏观的社会心理现象如观众的情绪感染、群众性的冲突行为等,难以在实验室内进行实验。

(二)现场实验

现场实验(field experiment)亦称自然实验(natural experiment)。在实际的社会心理学研究中,有时会有这样的情况,即研究工作必须在自然环境中而不是在实验室中进行,但实验者可对自变量施行某些控制。在有些情况下,实验者可能有一个对照组,即使用不接受实验刺激的自然环境。

这种方法在很大程度上可以推断出因果关系。但运用这种研究方法必须与有关方面建立协作关系。与实验室实验法比较起来,现场实验中控制条件与施加实验措施可能不如实验室实验那样方便,但它更接近生活真实情况,故其实验结果较易于推广。巴朗(Baron)指出,社会心理学将会越来越频繁地将实验从实验室搬到自然的社会环境中去。

(三)模拟实验

模拟实验(simulational experiment)是研究者设计的一种人为情境,是对真实社会情境的模拟,以期探求人们在特定社会情境下心理活动的发生与变化。例如,研究人们在什么样的社会情境下容易发生助人行为,研究者可设计不同的情境,请工作人员扮演醉汉、病人或残疾人,在公共场合故意摔倒,观察周围的过路人是否会提供帮助,哪类困难者得到的帮助最多(Latané et al.,1981)。许多社会心理学的研究课题都能采用模拟实验。

这种方法虽然是人为地设计情境以模拟社会,但对被研究者来说,如果没有觉察人为因素,则其反应是真实的,也是可信的。所以模拟生活情境必须逼真,不被人识破。

三、调查研究法

调查研究法(investigation)是研究者根据所研究问题的性质进行实地调查,搜集材料,然后作统计分析,最后得出结果的研究方法。这种需要调查研究的问题早已存在于社会生活之中,并不是研究者事先安排好的,只是研究者认为现实生活中存在的某些问题值得深入探讨。

社会心理学中使用的调查研究方法按不同的标准可以分为不同的类型,其中最主要的是典型调查、个案调查和抽样调查。调查研究法是社会学家和社会心理学家在社会结构与社会行为研究中常用的搜集、分析资料的方法。调查研究法有以下特点:首先,调查研究法适合于大样本的研究；其次,比之于实验法,调查研究显得简单、具体;再次,调查研究方法可避免在实验条件下被试不自然的行为反应和故意迎合实验者而作出的表现,同时也可避免研究者在解释研究对象的行为活动时的主观倾向。

问卷调查是社会心理学研究中运用最广的一种方法。调查的对象可以十分广泛,操作也十分简单,在很短时间内即可获得丰富的第一手资料。但问卷调查也有不足之处。主要是被调查者填写的调查问卷可能会发生某种偏差,呈现虚假性。人们回答问题时往往有他人取向(other - directed)的倾向,他们为了求得某种安全感,会按社会的准则而不是根据自己的内心标准填写问卷,因此所获得的结果的可靠性可能要打折扣。因此,问卷的拟订要讲究策略。另外,由于问卷调查涉及的面广、人多,就会导致分析问题不够深入,所以必须选择典型作重点访谈,加强研究的深度。

四、心理测验法

在社会心理学研究中,经常采用心理测验法(psychological testing)来揭示某些心理特点。所谓心理测验,乃是一种引起行为的工具。如果在测验中所表现出来的行为很恰当地反映了测验所要测量的东西,那么这个测验就能给研究者提供可靠的信息。这就是说,如果要进行心理测验,以获得与被研究者的心理特点相关的数据,则必须制定一个客观的工具。而且,进行测验还有一系列不能被忽视的技术要求,否则会产生各种误差,从而影响测验结果的科学性与可靠性。

社会心理学研究中使用的心理测验主要是关于人格方面的测验。例如,自我评定(self - assessment)、他人评定(hetero - assessment)、投射技术(projective technique)、情境测验(situational testing)等。

(一)罗夏墨迹测验

罗夏墨迹测验(Rorschach inkblot test)是由瑞士精神病学家罗夏(H. Rorschach,1884—1922)设计的一种投射测验法。罗夏测验有十张左右对称的图片(图2-2),其中一半是黑白的,一半是有点颜色的,这些图形不代表任何实际事物,全由被试自由想象它们的意义。测验时,每个人都看同样的十张图片,看的顺序也完全一样,受试者必须说出自己在墨迹中看到了什么,实验者记录下他们的反应,同时也记下他们看到图片后的反应时间。罗夏墨迹的分析者就是以被试的反应来探讨其人格结构的。

图2-2 罗夏墨迹测验图片之一

(二)主题统觉测验

主题统觉测验(thematic apperception test)是由美国心理学家默里(H. A. Murray,1893—1988)与团队设计的一种心理投射测验。简单地说,在主题统觉测验中,被试会看到一系列的图片(图2-3),图片中画有人物和情节,有的图片画面还非常抽象。测验时要求被试按画面编故事,用讲故事的形式叙述画中正在发生的事情,说出画中人物的思想和情绪,出现这种场面的原因,并说明故事的结局。运用这种方法,研究者可以获得被试的人格资料及行为动机资料。

图 2-3 主题统觉测验图片之一

第三节 社会心理学的研究过程

社会心理学的研究和其他学科的研究是一样的,都要经历一系列复杂的过程。整个过程又可分为几个阶段(图 2-4):第一个阶段是选择并确定研究课题;第二个阶段是制订研究计划;第三个阶段是实施研究计划,并搜集资料;第四个阶段是整理与分析资料并得出结论;第五个阶段是撰写研究报告。每个阶段都很重要,忽视其中任何一个阶段,都会严重影响研究的科学性。

一、重视各研究阶段

研究工作首先要选择并确定研究课题。选择并确定研究课题非常重要。问题提出是研究的起点,反映了研究的方向和内容,确定科学且有价值的研究课题不仅有助于后续各个阶段研究工作的开展,更决定了研究结果的科学性和可靠性。科学研究实践经验也充分证明了这一点。

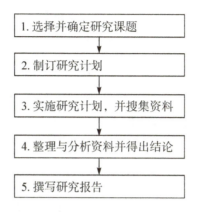

图2-4 研究的一般过程

制订研究计划这个阶段亦非常重要。它是整个研究工作的关键性阶段和决定性环节。计划编制得周密合理，就能保证研究的可靠性，增强说服力。研究计划犹如建筑工程师的蓝图，蓝图决定了建筑物的形式与内容。若蓝图清晰细致，施工就能有条不紊，工作进展就会顺利，若蓝图合理而周密，建筑物就牢固而美观，否则就会出现各种问题。科学研究亦然，研究计划若编制得周密合理，正确的结论便能够合乎逻辑地从研究结果中体现出来，揭示出事物之间的内在联系，否则就难以获得预期的结果。总之，研究计划编制得好，可以增强研究结果的目的性，节省人力与时间，使研究结果精确、科学。

实施研究计划，并搜集材料。搜集资料是为执行研究计划而进行的具体研究。执行阶段应该严格按照研究计划实施，如确有特殊情况，应统筹研究目的和完整程序，并谨慎调整。这个阶段需要花费一定数量的人力与时间，目的是获得大量的数据与典型材料，为分析和解决研究问题提供科学可信的依据。

整理与分析资料并得出结论。无论是定性研究还是定量研究，整理和分析搜集到的资料都是研究中最重要的一环。资料整理包括对资料的质量审核、检查、剔除与补充、编码等。定性分析采用分析综合、比较分类、归纳演绎等方式对资料进行"质"的分析,定量分析则采用多种统计检验方式对其进行"量"的分析。最后,依据分析结果结合研究目的和研究方法得出研究结论。

撰写研究报告是研究的最后一个环节,应在科学研究的基础上撰写严谨、客观,有针对性的研究报告。

二、慎选研究课题

社会心理学是一门新的学科,它涉及社会生活的各个领域。许多社会心理现象都需要社会心理学工作者探索以揭示其规律。但一个研究者不可能对所有的社会心理问题都进行研究,必须在许多课题中加以选择。

其一,要选择那些时代感强、现实意义大的研究课题,同时还要考虑所研究的课题是否有助于建立社会心理学理论体系。这就意味着研究课题既要有现实意义,能够对社会实践起指导作用,又要有理论意义,能够进一步丰富、充实社会心理学的学科内容,促进其发展。

其二,选择的研究课题要具体明确,不宜过大。若课题太笼统或是过于庞大,则不易着手研究。例如,研究一个人的价值观对其工作的影响,该课题固然重要,但"价值观"这一主要概念十分复杂,指标很难确立,研究时往往不易着手。通常,可以把这类大问题加以分解,化解为一系列具体课题,逐一研究。可以改为工作目的性对工作效率的影响,工作兴趣对工作效率的影响,影响工作积极性的心理因素等,这些问题比较具体、明确,既有理论意义又有实践意义。

其三,有些问题在实际生活中迫切需要解决,范围虽然很广泛,也不宜回避,可以有计划地分段解决。例如性别差异问题,涉及人力资源的合理安排、职业指导、因材施教等方面,很重要,但其范围太庞杂。我们可以从不同角度将这个问题分解成一系列的小课题:既可以从不同年龄阶段的男性与女性的心理特点加以比较,又可以单从能力或性格方面对某一年龄阶段的男性与女性作比较,还可以采用不同的方法进行研究。最后,可以把许多小课题的研究成果贯穿起来,建立一个小范围的理论体系。

其四,选择课题还要根据目前现有的条件,要选择研究者自己熟悉而又感兴趣的课题,这样才能进一步激发积极性,促进创造性的发挥。在人力、物力不足而时间又紧迫时,更不宜选择那些范围太广的课题。

为了选择最合适的课题,使问题的研究具有针对性,在确定课题阶段需要做最基本的调查研究,调查包括对实际生活的考察,以及阅读有关文献,以了解现实情况,从中得到启发。

三、详拟研究计划

这是在确定研究课题之后,考虑采用什么方法,通过什么途径来进行研究的阶段,是一个经过充分酝酿之后使研究逐步明朗化的过程。

(一)合理设定控制条件

所谓控制条件,是指除了研究因素之外,务必使其他条件相对稳定,不让它们对研究结果产生干扰,以防止它们影响研究结果的准确性。在实验研究条件下,设立对照组是为了防止无关因素对实验结果的干扰。调查研究也同样需要注意控制条件。控制哪些条件,则取决于研究课题的性质。例如调查男女性格特点与其工作效率之间的关系,就应使研究对象在年龄、受教育程度及社会文化背景等方面大体相近,唯一不同的因素是性别。这样做,就能使研究对象彰显出性格上的男女差异。如果对其他条件没有加以控制,由其他原因所产生的对工作效率的影响就会掩盖性别差异对工作效率的影响。控制条件还包括研究者的指示语、研究程序、被研究者操作时间的同一性等,以尽量减少误差。

(二)确定研究对象的范围

研究对象选自哪个范围,要根据研究课题确定。这其中有一个研究对象的代表性问题。如果是研究社会中一个带有普遍性的课题,就不能去研究非常特殊的对象,不能限于一个地区、一个部门或某个非常特殊的人,而应注意各个地区、各个部门、各个阶层及不同年龄与性别的人,以便求得结论的普遍性。例如,有学者做了"新型冠状病毒肺炎暴发期中国居民心理健康状况网络现况调查",其调查的对象是全国的居民,被试涉及全国31个省市自治区和港澳台地区的居民。

研究人数也要根据研究课题的要求、研究方法的特点及研究者的现有条件来决定。多的可以达到几千人、几万人,少的可以是几百人、几十人、十几人乃至几个人。从研究的数量上说,人越多可能越有代表性,但如果工作量太大而人力与物力不够,势必导致工作粗糙,科学价值不大。一般来讲,用实验的方法进行研究,人数可以少些,二三十个即可分组实验;用调查的方法进行研究,则人数应该多些,几百人或几千人都可以;若是进行个案研究,则十几人、几个人甚至一两人都可以。研究对象的范围与人数确定后,须用一定的方式进行抽样,具体方式有三种。

1. 有意抽样

根据研究者主观要求,有意识地挑选一些具有代表性的人作为研究对象,称为有意抽样(voluntary sampling)。该方式较主观,但若只需研究一两人,或三五人,研究者需进行长期观察分析,可用有意抽样。例如,研究性格特殊的人或有特殊天赋的人,可以有意识地挑选几个人进行追踪研究。

2. 随机抽样

随机抽样(random sampling)是相对于有意抽样而言的,它不是根据研究者的主观愿望挑选对象,而是以客观的态度使某一范围内的每一个人都有被选中的机会。一般情况下,任何群体中人们的某种水平或特征都有个别差异,呈两头小、中间大的常态分布,特别好与特别差的都很少,中等水平的占大多数。进行科学研究时,其对象应包括各种水平的人,而随机抽样,可以使抽出来的样本也呈常态分布,能代表总体。若凭研究者主观挑选,可能偏差较大。随机抽样可以用抽签或按号码抽取(逢五、逢十)等办法抽取。

3. 分层抽样

分层抽样(stratified sampling),或叫联合抽样,乃是有意抽样与随机抽样的结合。先是有意识地把对象大体上分为若干种水平或等级,然后从每种水平或等级中随机抽取若干对象。抽出的每一水平或等级的人数比例最好也呈两头小、中间大的分布状态。

(三)确定研究步骤

制订计划时,应对每个研究步骤加以具体规定。若是实验研究,必须详细规定实验的全部过程;若是调查研究,须列出调查提纲、调查程序、调查指导语等。研究步骤要统一,不能因人、因时、因地而变化,以保证研究结果不受无关因素的影响,同时也能便于重复研究,使研究结果经得起检验。

制订研究计划时,还要具体规定搜集材料的要求与步骤,最好能以表格的形式呈现,以便在执行研究计划的过程中及时将搜集到的材料逐一填入而不致遗漏。

(四)确定搜集资料的指标

搜集资料的指标必须同所研究的课题有密切的关系,有一定的针对性与特异性。正如医学研究那样,针对治疗高血压病的研究,应以降低病人血压为指标;发明一种治疗心脏病的新药,应以使病人心率回归正常为指标。社会心理学研究要解决某一个特殊问题,则搜集资料的指标必须与该问题有直接关系。例如,研究对外开放对市民心理的影响,应以人们对对外开放的认识、理解、情感倾向等心理状态为指标。

必须确立多种指标,并从多方面来搜集资料,使研究结果精确、可靠,具有说服力。确定研究指标是一项创造性的工作,只有科学地分析所研究的问题,深刻地抓住研究课题的实质,才能找出相应的指标;只有指标客观、明确、与研究课题有密切关系,才能顺利地搜集材料,分析问题并解决问题。

 思考题

1. 社会心理学的研究方法有哪些?
2. 社会心理学的研究过程分为哪几个阶段?
3. 如何选择研究课题?
4. 请结合实际对某一研究报告进行分析评价。

拓展阅读

第三章　社会化

社会化问题,历来是社会心理学研究的一个重要课题。从广义上讲,社会化乃是个体学会其所在的社会群体的习俗、规则与价值观的过程,也是个体学会调整其行为以满足群体其他成员的期望,亦即作用于社会的过程。一些学者甚至认为,社会心理学是研究社会化过程及其结果的一门学问。社会化研究要揭示个体心理活动发生、发展与其所受的社会环境影响的关系,并且还要研究个体自出生以来如何适应社会又如何成为具有独特行为方式的主体,实质上就是研究人的社会化的问题。研究人的社会化问题亦是社会心理学的根本任务。

第一节　社会化概述

一、社会化的定义及相关概念

社会化作为一种发展过程,是在个人和他人之间存在的一种连续的、经历着许多阶段和变化的相互作用的过程。我们可以从个人或群体的角度来看社会化,还可以从某一群体内部或从造成人与人之间重大差异的影响方面看社会化。

(一)社会化的定义

在特定的社会与文化环境中,个体形成适应于该社会与文化的人格,了解该社会所公认的行为方式,就叫作社会化。

通过社会化,个体学习社会中的标准、价值和所期望的行为。个体的社会化是一个过程,是经过个体与社会环境的相互作用而实现的。安德列耶娃指出:"社会化包含两个过程。一方面,它包括个体通过加入社会环境、社会联系系统的途径,掌握社会经验;另一方面(这是研究中常常不被强调的一面),它是个体对社会联系系统积极再生产的过程,这是个体积极活动以进入社会环境的过程。"(安德列耶娃,1984)凯利(H. H. Kelly)用简单的模型表示了个体与社会的相互关系(Kelly,1983),如图3-1所示。

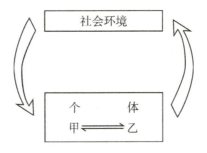

图3-1　个体与社会环境的相互作用

人的社会化是一个极为复杂的过程。每个人从进入社会的第一天起,就必然生活在一个具有某种关系(如社区关系、亲属关系)的社会环境里,而在不同的社会文化和历史条件下,社会化的内容是不同的,因为不同的历史阶段和不同的社会文化中有不同的社会规范与行为标准,对人们的要求也不同。例如,在封建社会里,要求人们遵循封建伦理道德,等级森严。而在现代社会里,虽然人们也被要求服从上级、尊敬长辈,但提倡人与人的关系是平等的。所以说,个体的社会化体现了社会文化的特点与时代的风貌。

社会环境对人的影响,是通过各种直接与间接的渠道进行的。因此,个人对社会要求的认识与掌握可能是自觉的、积极的与主动的,也可能是不自觉的、消极的与被动的。也就是说,个人的社会化有时是有意识、有目的地进行的,有时是无意识、潜移默化地进行的。总而言之,不管个人喜欢还是不喜欢,在一定的社会环境的影响下,他总是要参与到社会化之中去。

人类的生长时间很长,婴儿从诞生之日起,便与周围的人和环境发生了联系。当他们饥饿或者感到身体不适时,会通过哭声表达自己的感受,以吸引照料者的注意。敏感的照料者能准确分辨婴儿的生理需要,及时提供给他们乳汁或者抚慰。随着年龄渐长,婴儿还会通过注视、微笑等与父母沟通,以获得更多的关爱,满足情感上的需求。许多研究表明,在婴儿获得生理需求和情感需求的瞬间,便与他人建立了最初的交往关系,并且迈出了社会化进程的第一步。

婴儿的生物需求与情感需求是紧密联系在一起的。单纯的"接触"(与他人身体的接触或相互作用),既是一种最基本的生物需求,又是一种最基本的情感需求。

心理学家哈洛(H. F. Harlow)的实验说明,婴儿对身体接触的需求是相当强烈的。哈洛在实验中,将小猴同两个人造的"母猴"妈妈(一只用铁丝绕成,身上带有奶瓶;另一只在铁丝外裹有同母猴毛相似的织物)关在一起。虽然小猴天天从带有奶瓶的"母猴"那里吸取食物,但大部分时间却是依偎着裹有毛织物的"母猴"(图3-2)。如果把后者搬走,

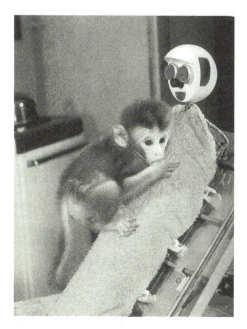

图3-2　小猴依偎着裹有毛织物的"母猴"

小猴就会出现明显的情绪和行为问题。这说明,小猴尽管有着强烈的生物需求,但也有着同样甚至更为强烈的情感需求。实验还证明,由这些人造"母猴"养大的小猴,性格孤僻,且不能通过交配的方式生育。婴儿也像小猴一样,有着基本的与他人接触、互动的生物和情感需求。

(二)社会角色与社会规范

个体的成长与发展是一系列社会化的过程,是一个学习社会角色扮演和社会规范的过程。人作为一个生物体,刚从母体分娩出来,就被置身于一个复杂的社会环境之中。任何时代的社会都会使用种种方法对其成员施加影响,使其成为符合该社会要求的成员,使他懂得什么是正确的,是被社会所提倡与鼓励的,什么又是错误的,是被社会所禁止与反对的。与此同时,个人也随时随地以其自身的独特方式对当前的社会环境作出种种反应,作用于环境,从而表现出人的主观能动性。

学习对每种动物都是重要的,但对不同的物种具有不同的意义。动物发展阶段越高级,学习能力越强,动物先天的本能行为的作用就越小;反之,越是低等动物,其本能行为对它的生存越重要,学习对它们的作用相对也要更小。例如,鸡鸭等动物刚出蛋壳就会走路、啄食,而人类婴儿出生时非常柔弱,单靠本能不能生存,必须在成人的悉心照料下,通过学习才会扮演一定社会角色,才能掌握社会规范,适应环境,进而改造环境。

许多事实证明,儿童要能健康地成长,成为一个符合社会要求的成员,不仅需要在身体上受到照顾,还需要与社会成员进行交往,发生感情上的联系,否则其社会化过程就会受到阻碍。

> 戴维斯曾披露了一个发生在美国的事例。一个名叫安娜的孩子,被人们发现时年仅六岁。她是个私生子,因此,她的外祖父坚持把她藏在阁楼,不许她见人。安娜只能得到最起码的身体上的照顾,实际上失去了参与社会相互作用的机会。人们发现她时,她不会说话,不会走路,也不会自己吃东西;她感情麻木,表情呆滞,对人毫无兴趣。她的状态表明,纯粹生物学的能力在使人成为一个正常的社会人方面的作用是微乎其微的。为了使安娜社会化所付出的努力只取得了很有限的成功。当她接近十一岁离开人世时,只达到两三岁孩子的社会化水平。上述事实说明,作为个体的人,不经过社会化就无法成为一个社会人。

(三)社会控制

从社会的角度看,社会化是使社会和文化得以继续的手段。从某种程度上来说,社会化是社会诱导儿童和社会成员做那些为了社会正常运转而必须做的事情。

不管社会化的定义中是否明确提到了灌输或强制的词语,社会化都确实包含着社会控制这种意思。社会化与社会控制是相互补充的,两者共同成为维持社会秩序使社会得以延续的基础,但又并非完全相同。各种社会除了制定法律方面的强制性规定之外,还会采取各自的措施,以确保对道德秩序的支持。凡是体现了这些规范的行为,往往会受到嘉奖,而违反这些规范的行为,则可能受到惩罚。但是,多数社会规范并不是千篇一律的强制命令,而是因时、因地、因人而异。维护和加强社会规范的手段,不仅包括像法令那样的社会约束形式,而且包括在亲属关系、工作关系和其他社区关系中起作用的非正规的控制与约束力。概括地说,社会化是个体转化的过程,社会控制是促使个体转化的手段。有学者指出,社会控制的中心是个体本身,人毕竟不是机器人,不是纯粹接收外界指令而机械地行动,人有责任控制自己的行为。但人毕竟生活在一种具有各种社会影响的环境中。如图3-3所示,个体受家庭、社区、同辈群体及教育等因素的控制,所有这些社会控制都会使人社会化。若这些控制失败,人们便可能出现违法行为。可见,若个体不能自控,社会必将采取控制措施,使不良行为被法律系统所控制。法律系统几乎和每件事情都联系在一起,由于它的存在,社会才得以保持稳定。否则,社会秩序会发生混乱,甚至社会将会无法存在。(Ross et al., 2009)

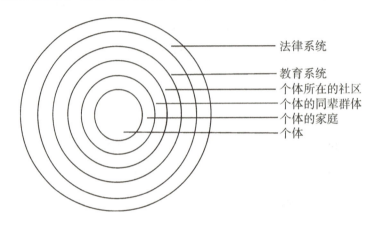

图 3-3 社会控制

二、社会化的类型

按照不同的标准,社会化可以划分为各种类型。按照社会化的内容,可以分为政治社会化、民族社会化、法律社会化、道德社会化、角色社会化等。按照社会化的阶段或者不同的历程,可以分为早期社会化、发展社会化、反向社会化、再社会化等。

(一)不同内容的社会化类型

1. 政治社会化

政治社会化(political socialization)指的是个体形成某一特定社会所要求的政治信仰、态度和行为的过程。它具体体现在赞成哪种政治制度、选择何种政治生活、拥护什么政治政策,以及个体政治观念的发展等问题。政治社会化的人,总是赞成或反对某一种政治制度。可以说,任何一个国家都十分重视公民的社会化,致力于使公民认可本国的政治制度。政治社会化过程包括早期和后来影响个体的各种因素。一个人在早年求学时接受的政治教育会塑造其政治信仰,进入大学时形成的政治态度和他成年期的政治态度有直接的联系。当然,参与交流和讨论也会影响其政治社会化。在许多情况下,职业角色也在强化其政治态度。

2. 民族社会化

个体形成本民族大多数人共有的特性,使自己具有所属民族的民族性的过程,即民族社会化(ethnic socialization)。各个民族都有自己固有的风俗与传统,民族社会化的结果,是使每个人都能尊重自己民族的习惯、风俗与传统,具有民族自豪感。中华民族的民族社会化水平是很高的,即使长期侨居国外的华人,有许多仍保持和发扬着中华民族的优良传统。

一项研究对云南少数民族聚居地的藏族、彝族、傣族等十一个民族的青少年的社会化情况进行调查,发现父母与青少年谈论或传递的民族社会化信息可归纳为促进和睦、文化社会化、接触他族等内容,但不同民族的青少年存在不同的民族社会化特色,这说明民族社会化与各民族的文化和教育方式是分不开的。(尹可丽等,2015)

3. 法律社会化

法律社会化(legal socialization)指的是个体形成某一特定社会要求的法治观念和遵守法律行为的过程。法律社会化促使个体具有法治观念,并自觉地按照社会规范和制度来约束自己的行为。在不同社会制度下和不同阶级中,个体法律社会化的内容和方向也不同。有研究者对丹麦、希腊、意大利、印度、日本及美国等六个国家的四、六、八年级的五千名学生进行研究,发现学生的法律社会化水平有高、中、低三种,绝大多数学生法律社会化程度只达到中等水平,能达到高水平者为数极少。(Tapp et al.,1977)

4. 道德社会化

个体形成某一特定社会规定的道德标准和与之相符的行为的过程,即道德社会化(moral socialization)。道德社会化的结果是使人们按照道德标准来支配自己的行为。为了维护人们的共同利益、协调彼此的关系,调节人们行为的道德标准随之产生,个人若遵守这些道德标准,会受到舆论的赞许,否则,会受到舆论的谴责。个人的行为能够根据社会道德标准来进行,那就是实现了道德社会化。美国学者科尔伯格(L. Kohlberg)用他自己设计的九种道德两难困境(或道德两难问题)(moral dilemmas)所进行的研究发现,个体道德社会化的发展有阶段性,表现为三种水平六个阶段,如表 3-1 所示(Kohlberg,1984)。

表 3-1 个体道德社会化的水平与阶段(科尔伯格)

三种水平	六个阶段
前习俗道德水平 (或前世俗道德期)	1. 惩罚与服从的定向阶段(或避罚服从取向) 2. 工具性的相对主义定向阶段(或相对功利取向)
习俗道德水平 (或世俗道德期)	3. 好孩子定向阶段(或寻求认可取向) 4. 维护权威与社会秩序的定向阶段(或遵守法规取向)
后习俗道德水平 (或后世俗道德期)	5. 社会契约的定向阶段(或社会法制取向) 6. 普遍道德原则的定向阶段(或普遍伦理取向)

道德社会化与法律社会化不同,人们的行为若未能实现道德社会化,违反道德标准,会受到社会舆论的批评和谴责;若个体未能实现法律社会化,违反法律的规定,就要受到法律的制裁。

5. 角色社会化

根据美国心理学家 G. H. 米德的解释,角色是一种行为模式,是一个人的社会地位及其权利义务要求的行为模式。角色代表一种社会期望,特定社会或组织总是期望它的成员按照它的社会期望行事,社会成员也总是要求自己努力表现出符合这种期望的行为,这就是角色社会化(role socialization)。个体为成功地扮演符合期望的社会角色,必须学习专业技能,习得社会价值观,形成自我概念和适合于未来角色的各种观念,这称之为预期社会化(anticipatory socialization)。例如,学校里进行的教育、设置的课程、开展的活动等,都是为学生将来走上工作岗位和进入社会时要扮演的角色做预先的准备。企业、军队中的训练也有着相同的性质。

再比如,性别角色社会化(gender role socialization)是个体形成按照社会对不同性别的期望、规范行事的过程。社会、民族、文化、风俗不同,对男女两性的期望和规范也会不同。性别角色社会化的结果使人们按照社会上规定的男女性别角色的要求来支配自己的行为。由于男女的生理结构不同,社会习惯向男女性别提出不同的要求,男性须按男性角色要求行事,女性则须按女性角色要求行事。

我国学者吴重光要求110名大学生(平均年龄20.5岁,其中男48名,女62名)写出男性和女性各有什么人格特征(吴重光,1993)。他们列举的前五种人格特征如表3-2所示:

表3-2 男性和女性的人格特征对比

次 序	性格特征	
	男 性	女 性
1	意志坚强、刚毅	温柔
2	心胸宽广	细心
3	直爽、开朗、大方	有依赖性
4	不拘小节	软弱、脆弱
5	果断	善良

被调查的人多把"意志坚强、刚毅"和"心胸宽广"视为男性人格特征的第一位和第二位;而把"温柔"和"细心"看作是女性人格特征的第一位和第二位。

(二)不同历程的社会化类型

1. 早期社会化

早期社会化(early socialization)是发生在生命早期的基本的社会化。早期社会化主要包括儿童掌握语言、学习本领,将社会规范与价值标准内化,与周围人建立感情,了解他人的思想与观点等。

2. 发展社会化

发展社会化(developmental socialization)也叫继续社会化,是在早期社会化的基础上进行的。随着生活中新事物的涌现,个体会产生新的期待、承担新的任务、扮演新的角色等。个体也需要不断学习新的知识、技能和社会规范,以适应新的环境和角色。在比较顺利的社会化过程中,新近学到的东西能够对原来已经学到的东西加以补充,并融为一体。职业培训、成人教育等都是发展社会化的表现形式。

3. 反向社会化

反向社会化(reversal socialization)是指年轻一代将文化知识传递给年长一代的过程。传统观念认为社会化是一个单向的过程,是父母对子女、教师对学生的影响,很少想到相反的方面。近年来,有学者提出,社会化是双向的。在传统社会中反向社会化比较少见,但在现代社会中却十分普遍。尤其是在社会发生急剧变革的时期,知识更新加速,老年人所掌握的许多知识技能已变得陈旧过时,而年轻人却可能对各方面的信息接受得很快。反向社会化在移民家庭里是十分明显的,家庭中的年轻成员在学校里很快学会了新的语言,并向他们的父母解释周围的文化,传达当地社会的要求。

4. 再社会化

再社会化(resocialization)是个体舍弃过去接受的一套社会规范和价值标准,重新学习社会所要求的社会规范与行为方式的过程。再社会化经常在人们部分或全部脱离了他们以前的社会生活的情况下出现,往往发生在一定的社会专门机构中,甚至与外界断绝往来,并处于机构内工作人员的绝对控制下。例如,对犯罪分子的改造,必须通过特殊机构,如监狱等来实施。罪犯通过再社会化,可学得一定的劳动技能,树立法治观念,加强社会责任感,改变过去的恶习和生活方式等,由被迫接受改造向自我约束、自我教育的状态过渡。

第二节　社会化的基本特征

个体不论生活于何种环境之中,在其成长过程中,都有社会化的倾向,而人类的社会化,必然具有以下几个特征。

一、以遗传素质为基础

人之所以成为人,从生物学意义上讲,正是由于物种在漫长的进化过程中所形成的遗传素质(heredodiathesis)。遗传素质不断分化,表现出自身发展所特有的趋势,从而为自然发展成社会人提供了可能性。

基因研究的结果证明人类的孩子具有人的遗传素质。就同卵双生子来说,由于两人的遗传基因完全相同,不仅肤色、相貌、身高、体重相像,血压、脉搏速度接近,开始衰老和死亡的年龄差不多,而且他们的社会性行为也有很多一致之处。有研究者通过将同卵双生子和异卵双生子相比较,发现智力的多个方面均受基因的影响(Reznick et al.,1997),人格五个维度(外倾性、开放性、宜人性、责任心、情绪稳定性)的遗传率也达到了40%以上(Jang et al.,2010)。

以上事例说明,人类的遗传素质,乃是一种由上代为下代提供的有利于人类从事各类活动的特殊素质。可以认为,这种素质本身包含了人类实践活动的社会因素,并且以生物体内的物化形式(遗传信息、大脑中枢系统的结构、功能等)遗传给后代。所以,人类这些特殊素质体现了人类对环境因素的内化作用,从而为人的社会化奠定了生物学基础。

二、具有独特的个性

社会化伴随着每个人所具备的条件(遗传的特性、生理需要和状态)而有选择地形成。人们即使生长在相同的环境中,由于性别、年龄、智力、性格、体质等方面的个体差异,社会化的过程与内容也会有所不同。例如,生长在同一家庭的同卵双胞胎,虽然他们的遗传素质几乎完全一样,但根据心理学家的研究与生活实践资料表明,出生顺序导致父母或者周边群体对他们的期望稍有差别,从而使孪生兄弟(或姐妹)的社会化有所不同。此外,个人在社会化的道路上,一方面要按照其性别、年龄等根据社会规范而行动;另一方面,还必须完成自己面临的任务,以实现个人的发展需求。因此,每个人的社会化过程是不同的。

社会化的目标,是将每一个社会成员培养成适合所属社会需要的人。社会化了的个人,是精神健康的人,不仅获得了能够适应外界情境的各种行为方式,有统一的人格,还可以积极地支配环境。也就是说,既能灵活适应社会生活,又怀有积极的需要及具体的人格。因此,社会化不是把人变成一模一样的人的过程,而是个性化的过程。也就是说,社会化寓于个性化之中。

三、具有普遍的共性

社会化后的个人既有共性也有个性。如同一国家、同一民族,其成员一般都有一些共同的心理倾向。

社会心理学家勒温认为,同一个国家的国民有相同的人格特征,称为国民性(nationality)。勒温根据场的理论(或场地论)(field theory),提出个人的生活空间的概念,这个生活空间是由环境和人组成的。生活空间中个人、环境和人的行为是相互依存的。只要其中一方有变化,其他方面也就会发生相应变化。勒温还认为,作为一个整体的个人,其内部包含着相互依存的各部分。个人的心理活动可以分为两大部分,一部分是与外界环境接触的知觉运动领域,另一部分是内部的人格领域,而人格领域内又可进一步分为外围领域和中心领域,中心领域又可进一步分为与各种机能相联系的不同区域。人的心理的各个领域之间是相互制约、相互影响的,所以人有个别差异。

从上述观点出发,勒温比较了美国人与德国人的国民性。勒温是犹太裔的德国人,他在美国度过了晚年,对美国人和德国人都比较熟悉,以此作为他分析两国国民性的根据。如图3-4所示,德国人人格的外围领域与中心领域的界线在较表面部分,因此德国人不大能直率地与人交往;相反,美国人人格的外围领域与中心领域的界线在

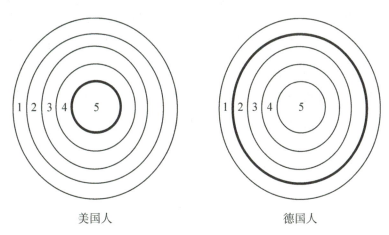

图3-4　勒温的国民性比较示意图

(图中粗线表示人格的外围领域与中心领域的界线)

相当深的位置,所以他们比较开放,交往的范围也广泛。可是德国人的界线由于处于较表面的位置,比较脆弱,容易打破,一旦界线被冲破,就可以一口气开放到核心的深层,从而可以看透其内心,表现为

彼此产生敌对行为,或成为知己。美国人的内心深层处于最中心,防守得很牢固,一般可以相处得很好,但他们不会轻易暴露自己内心深处的东西,较难与他人推心置腹地成为知己。(Lewin,1936)

四、具有能动性

社会环境对个体的影响是很重要的,但不是绝对的。在人的社会化过程中,个体一般并非无条件地、无选择地、机械被动地全部接受社会对其施加的各种影响,这种现象随着个体年龄的增长而日益明显,从而反作用于社会。即使是孩子,一方面父母对孩子施加影响,另一方面孩子的活动水平也影响他们与父母之间的沟通。有学者研究发现,9~12个月的婴儿在处于困难情境时会观察别人的脸,并根据对方的反应出现相应的行为(Klinnert et al.,1983)。这说明不到一岁的婴儿已经学会了在不同情境中作出不同的情绪表达,并且学会了根据别人情绪的变化来调整自己的行为。

总之,社会化对每个人来说都是存在的,有的人顺利地实现社会化,有些人却出现社会化障碍。个体从自然状态向社会状态的转变是一个系统的过程,即要求不同年龄阶段的人,必须在社会所认可的行为标准中形成自身的行为模式,成为符合社会要求的人。

五、贯穿人生全程

个体一生下来就已经开始接受社会对他们施加的影响。在婴儿期、幼儿期、儿童期、青少年期、成年期,一直到老年期,个体无时无刻不在接受社会影响,不断进行社会化。

在人生的每一时期,社会化的内容以及过程是不同的。处在成长阶段的个体要学习知识,掌握社会规范,形成一定的行为方式,做一个好学生、好青年;成年以后,社会化还在持续,要解决许多新问题,诸如教育子女、奉养父母、开创新的事业等;即使退休后,也要继续适应社会角色的变化,承担作为一个公民的义务。所以说,个体社会化是通过人的一生来完成的。虽然个体生理的发展与智力的发展到青年期基本达到了顶点,以后明显下降,但成年期以后,社会化还在发展,还能解决许多问题。例如,有学者提出,成人期的发展内容有习惯与合作者协作、管教孩子、对职业生活的适应、履行公民的社会责任等,并且还提出老年期的发展课题,如与同龄人交往、自觉承担社会义务等(Havighurts,1948)。

第三节 影响社会化的因素

影响个体社会化的因素包括整个社会环境。宏观地看,泛指社会文化;微观地说,则涵盖家庭、学校、同辈群体、宗教社团、传播媒体等所有组织机构。各个因素之间盘根错节,它们各自的功能与目的相互交叠、相互影响,根据各自的特点,在一起或平行或独立地起作用。美国学者赫尔勒曼(Hurrelmann,1988)用社会化因素结构模型把重要的社会化机构和组织组合起来,并考虑了各因素之间的相互作用,包括宏观的经济、政治、文化及微观的各个小群体、信息化的社会网络、管理部门、其他社会组织及有组织的社会化结构(如图3-5所示)。

一、社会文化

社会文化作为个体社会化的宏观因素(macro system),对个体的作用是通过微观因素(micro system)而实现的,这种作用无所不在,对个体社会化有很大影响。

(一)社会文化的概念

文化一词,至今尚无统一定义。总的来说,文化是指整个人类环

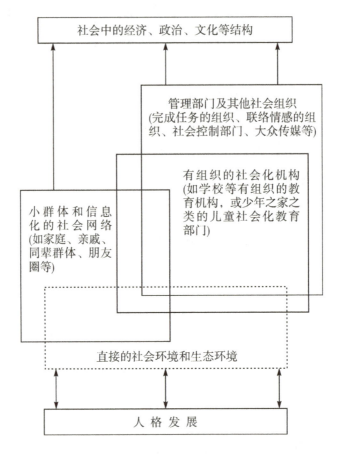

图3-5 社会化因素结构模型

境中由人所创造的一切层级和方面,既包括有形文化(或显性文化)(dominant culture),也包括无形文化(或隐性文化)(recessive culture)。

有形文化寓于文字和事实所构成的规律之中,它可以经过耳濡目染的验证而直接总结出来。人们只需在自己的观察中看到或揭示其连贯一致的东西。比如,通过阅读《论语》,就能对儒家的思想和主张窥探一二。无形文化相对于有形文化而言,对人的影响更加隐蔽。诸如人的生活态度、行为习惯乃至群体氛围、社会风气等,虽然看不见也摸不到,但也会在不知不觉的情况下影响和改变人们的思想和行为。

当前对文化概念比较通俗的解释是:所谓文化是凝聚在一个民族世世代代和全部财富中的生活方式的总和。它包括衣食住行等所需物品的制作方式,待人接物、举止言谈等交际方式和态度,以及哲学、宗教、道德、法律、文学、艺术、风俗、科学中的思维方式等。

社会文化具有连续性。例如中国的礼制文化,自西周开始,已经延续了两千多年。尽管各种文化在每一代的传承者完全不同,但它们都会作为独一无二的实体传承下去。而且每一代的文化,也会作为一个整体传给下一代,从而一代一代传下去。这个过程就是宏观角度上的社会化,即社会群体的社会化(socialization of social group)。

(二)社会文化对个体社会化的影响

文化是无所不在的,由于传统的作用,也由于人类社会关系的多样性与复杂性,即使是一些简单的活动,比如就餐,也会穿上文化的外衣。人与动物不同,动物饿了,只要看见有食物,它就吃,而人一般是等到开饭时才吃,一日三餐是约定俗成的,吃东西时也要遵守一定的就餐礼仪。可以说,人类任何一种活动都是文化的产物。

儿童期是人类社会化的关键时期。无论是生理上还是心理上,童年期儿童对家庭的依赖都最强。

二、家庭环境

一般情况下,父母对子女社会化的影响大于其他人(包括教师)的影响。父母是孩子学习的榜样,对孩子的行为起着潜移默化的作用。儿童的家庭生活及学校生活对他们的社会化都会产生深刻的影响。但儿童首先受到的是家庭环境的影响,然后才是幼儿园及学校的影响。在现代社会中,家庭仍然是个体社会化进程中具有决定性作用的影响因素,以童年期这段时间来说,家庭是儿童社会化过程中最重要的因素。因为在微观环境中,家庭背景能够反映儿童成长所经历的生活条件,这些生活条件通过父母与子女的互动而影响童年期最早阶段的社会化。

个体的早期经验对社会化有重大影响(如"狼孩"),而个体的早期经验主要是在家庭中产生的,这也足以证明家庭影响在个体社会化过程中的重要作用。

家庭环境对个体社会化的影响主要体现在以下几个方面。

(一)父母的文化素养

父母的文化素养,在很大程度上制约着父母的理想、情操、家庭关系、生活方式,以及对子女的教养方式。父母拥有良好的文化素养,是形成良好的家庭气氛,为儿童社会化创造良好家庭环境的重要因素。

(二)父母的教养方式

有研究者(Skolnick et al.,1986)发现,在高度命令性环境中工作的父母,倾向于体罚儿童,而在宽松环境中工作的父母,则重视用心理学辅导的方式来启发儿童。这两种方法分别称为传统方式和现代方式。两者的比较见表3-3。

表3-3 父母教养子女的两种方式比较

传统方式的特点	现代方式的特点
1.家庭成员的地位随年龄和性别变化	1.强调家庭成员的自主性和独立性
2.父亲较专横,是原则代言人;他接受母亲和子女的"尊敬"和依从	2.父亲较和蔼,少专横;母亲则充当原则代言人
3.重视公平的行为——更多地告诉子女做什么而不是为什么做	3.重视动机和情感,让子女明白为什么做或为什么不做
4.子女的价值品质是服从、清苦	4.子女的价值品质是幸福、成熟、思索、好奇、自我控制
5.侧重于直接原则:体罚、责骂、鞭打	5.基于理性的原则,使子女害怕被孤立、耻辱、失去爱

续表

传统方式的特点	现代方式的特点
6. 沟通中倾向社会赞同和一致,重点在"我们"	6. 沟通中常常表达个体的经验和认识,重点在"我"
7. 侧重于父母对子女的单向交流	7. 侧重于父母与子女的双向交流,父母公开接受子女的劝说
8. 父母感觉不到需要调节对子女的要求	8. 父母提出要求并讲出原因
9. 侧重于服从命令,尊敬权威,维持传统的社会秩序	9. 侧重于民主原则,根据更高的道德标准来评价某一事件
10. 子女舍弃个体性,强烈渴望获得社会认同,学业成绩较差	10. 子女获得较强的自我感

(采自 Skolnick et al., 1986)

(三)父母的相处方式

许多研究表明,父母冲突会对子女造成创伤性。父母冲突会使孩子的心理机能恶化,在以后的生活中容易出现各种行为问题。父母的冲突会使孩子产生强烈的情绪波动,如果父母经常发生冲突,孩子更容易出现情绪调节困难,社会适应能力亦较差,甚至患精神分裂症的可能性也相对较大。

国内一些研究表明,生活在离异家庭中的儿童多有爱哭、放荡不羁、胆小多虑、冷漠、悲观、孤独、易烦躁、易发怒、固执等不良行为。他们中的许多人人际关系不好,经常与同伴争吵、打架,学习不认真,学习成绩差,甚至发生反社会行为。但是有研究发现,有严重冲突但没有离婚的家庭,对孩子的不良影响比离异家庭更为严重,孩子表现出更大的攻击性,出现的行为问题更多。勉强保持家庭完整有可能对孩子的伤害更大,最重要的还是尽量让儿童生活在良好的家庭气氛中。

三、学校

学校是有组织、有计划、有目的地向成员系统传授价值观念、社会规范、生活技能、科学知识的制度化机构。在现代社会中,学校长期、系统地对儿童行为方式的塑造没有其他机构可以替代。学校的重要性还在于它是社会的雏形。儿童在这里进入了社会结构,扮演学生、同学、朋友等社会角色,并在课堂和其他公共空间进行各种形式的社会互动。

(一)教师威信

有威信的教师,在学生社会化过程中能够发挥很大的作用。具体表现在以下几个方面。

1. 学生信任教师

教师若使学生确认自己所讲的知识是真实的,所提出的意见与希望是正确的,学生就能更主动地学习,积极让教师提出的希望和要求得以实现。

2. 学生乐于接受教师的要求,并将其转化为主观需要

有威信的教师对学生的要求有鼓励性,能够激励学生进步。比如,有威信的教师号召学生学习先进人物,学生就能主动地把先进人物的事迹转化为自己争取进步的动力,不断前进。

3. 教师的表扬与批评能深入学生的思想深处,并引起一定的情绪体验

有威信的教师,学生更容易接受他们的表扬和批评。教师的表扬能使学生产生愉快、自豪的情绪体验,从而产生想要表现得更好的愿望,未被表扬的学生也会积极争取获得表扬。教师的批评会使学生产生愧疚、自责等情绪体验,从而提醒自己避免再犯类似的错误。

4. 学生把有威信的教师当作认同的对象并加以仿效

学生把有威信的教师看作自己心目中的模范与理想人物,会自觉或不自觉地把教师的言行加以内化,并在现实生活中进行仿效。心理学研究表明,不是任何榜样对任何学生都起同样的作用,榜样学习的效果有赖于榜样自身的特点与学习者的主观状态。从榜样来

说,其优点必须胜过学习者,使学习者明确自己是为弥补缺点而去学习的。榜样的特点突出,能引起学习者的重视;榜样具有权威性,能使学习者产生敬仰之情。

总之,有威信的教师会通过自己的言行、思想活动,把高深的伦理原则与抽象的道德标准人格化、具体化,使学生在富有形象性、感染性和现实性的具体事例中受到深刻的教育,从而实现社会化。

(二)教师期待

大量的研究表明,教师期待在学生社会化的过程中起着重要作用。教师的期待能够影响学生的学习效果,也能影响学生的学习动机、对成功的期望和自我评价。美国心理学家罗森塔尔研究了教师期待的作用。实验对象是小学一至六年级的学生。他在每个年级中随机抽取了20%的学生,向教师谎报这些对象为学生当中的智力优秀者。在几个月后发现,这些让教师有所期待的学生的学习成绩都优于未被教师期待的学生。罗森塔尔(Rosenthal)把教师的期待效果称为皮格马利翁效应,或称罗森塔尔效应。自从罗森塔尔把实验结果公布以后,即引起了心理学界的重视。

> 皮格马利翁是希腊神话故事中的人物。他是塞浦路斯的国王,擅长雕刻,迷恋上自己精心刻制的一尊象牙少女像。他的虔诚和深情期待终于感动了神灵,雕像变为真正的少女,皮格马利翁终于如愿以偿,同她结为夫妻。这则美丽的神话在西方广为流传。英国著名作家萧伯纳把自己创作的一部喜剧命名为《皮格马利翁》,首次利用"皮格马利翁效应"的概念。罗森塔尔则是把这个概念引入心理学和教育学领域的第一人,借以表明教师的期望也会激励自己的学生,产生神奇的教育效果。

教师对学生的期待为什么如此有效,有各种分析:一种分析认为,教师准确地认识学生的能力和成就之后,会对学生寄予某种希望,用赞赏的目光看待他们的一举一动,在不知不觉中给其肯定与鼓励,这样日积月累,学生也就产生了对教师的信赖,对自己提出了更高的要求。由此,师生之间在彼此交往中会发生某种微妙的作用,产生一种默契,进而使学生的学习成绩提高。另一种分析则认为,教师对某个学生产生某种期待之后,就会更有意识地、更多地、更细致地指导"有天赋"的学生,给他们提出较高的目标,要求他们做得更多一些,并给他们更多的机会去回答问题,从而促进学生学习成绩的提高。

(三)教育方式

近年来,开放式教育(open teaching)被广为提倡,其主要观点是当师生之间无拘无束地发生相互作用或自由地选择有意义的学习内容时,学生就能学习得很好。具体而言,开放式教育就是学校让学生自己选择活动,为学生提供个性化学习和小组教学的机会,鼓励学生主动学习;为学生提供丰富的学习材料,不强调分数和个别竞争;教育学生尊重同伴,把教师看作是学习的促进者。

墨森(P. H. Mussen)等对开放式教育与传统式教育的比较研究报告进行了总结。他们发现,两类教育模式中学生的学习成绩近于相同,但接受开放式教育的学生对学校的态度更为积极,学生也更有独立性,而且处于开放式教育模式的学生更加具有创造性和好奇心,比较善于合作(墨森,等,1990)。(见表3-4)

表3-4 开放式教育和传统式教育的效果比较

研究指标	研究人数(人)	效果比较	
		开放式教育取得较好效果(%)	传统式教育取得较好效果(%)
学业成就	102	14	12
自我概念	61	25	3
对学校的态度	57	40	4
创造性	33	36	0

续表

研究指标	研究人数(人)	效果比较	
		开放式教育取得较好效果(%)	传统式教育取得较好效果(%)
独立性	23	78	4
好奇心	14	43	0
焦虑和适应	39	26	13
控制环境	29	25	4
合作	9	67	0
总平均		39	4

(采自墨森,等,1990)

四、同辈群体的影响

同辈群体(peer group)是影响个体社会化的一个重要因素,对青少年来说,其影响尤为显著。青少年正处于心理上的"断乳期",试图摆脱成人的监督,追求思想和人格上的独立,喜欢与同辈在一起而不喜欢依附父母。据调查,我国70%以上的青年人遇到困难而感到烦恼时,不是首先与父母商量,而是首先与同伴商量(包括异性朋友)(时蓉华,1986)。

许多青少年同时可以是几个同辈群体的成员,既是合唱队成员,又是校外足球队成员,也是邻里间某项活动兴趣小组的一员等等。他们在各个同辈群体活动中,在不同的方面相互影响。对青少年来说,同辈群体带来的社会化影响远不同于父母或教师的影响。同辈群体对个人社会化的影响有如下特点。

(一)无计划性

同辈群体的社会化影响大都是在自然状态下进行的,事先并未有意安排。个体并未意识到同辈群体会对自身的社会化产生什么作用,完全是在不知不觉中接受影响的。

(二)平等性

在同辈群体中,青少年可以自由地选择同伴,并且在平等的基础上进行交往。由于同辈群体中的伙伴不是由成年人指定或强加给他们的,完全由自己来选择,这就使青少年更容易与同辈群体建立亲密关系,发展友谊。

(三)可以满足个人需要

同辈群体为了满足自己的需要而经常参与各种活动,他们往往根据自己的兴趣和爱好来决定参与哪些活动。

(四)开放性

同辈之间可以敞开心扉,自由地探讨一些问题,如生死观、恋爱观等。青少年认为有些问题十分私密,但对于朋友,却一般不用保密。

(五)价值观相似

同辈群体有自己的一套价值标准,这些标准可能与社会正统的价值标准相符,也可能不完全相符,甚至背道而驰。同辈群体有自己心目中的英雄、榜样,有自己的乐趣、消遣方式、服饰爱好等,有的还有一些特殊的用语。

(六)可以满足社会性需求

同辈群体往往可以满足个人的社会需要,如社交需要、安全需要、自尊需要等。青年在同辈群体中乐于与他人交往、抒发情感;在同辈群体中寻找知己,与知心朋友共同表达某种思想,取得同情和相互支持;在同辈群体中寻求归属感并产生自豪感。

青少年如果被同辈群体所排斥,就有可能发生许多不恰当的行为,如同伴欺凌行为等。有研究者(Coie et al., 1983)从学校里抽取了一些男孩,他们由受欢迎的、一般的、被忽视的和被同辈群体所排斥的不同类型的群体组成。研究组织了两个游戏小组,一组由熟悉的同辈所组成,另一组由不熟悉的同辈所组成,以考察男孩们的社会地位的发展。结果发现被同辈群体排斥的孩子比受欢迎的孩子表现出更多的不良行为,而受欢迎的孩子则表现出较多的亲社会行为,很少出现侵犯行为。该研究说明,个体行为的差异部分决定了儿童社会地位的建立和维持,也说明了同辈群体对个体行为的影响。

五、大众传播媒体的影响

大众传播媒体(mass media)指多种不同的信息传播形式,它们有着众多的听众、观众或读者,但在信息的发送者与接受者之间没有任何个人联系。报纸、杂志、图书、电视、广播、电影、电脑、手机等都是大众传播工具。毫无疑问,这些传播工具会产生强大的社会化影响,但要确切地说出传播工具的影响有多大却很困难。在当今社会,对青少年影响最大的传播工具非手机和电脑莫属。特别是手机和电脑中的电子游戏,既可能带给青少年一些益处,又会产生不良影响。一方面,有研究表明,电子游戏能够锻炼学生的手眼协调能力和快速反应能力,还能在一定程度上促进其创造力的发展。但另一方面,也有很多研究发现,电子游戏会导致青少年在现实中与他人交往的时间缩短、攻击行为增加,甚至可能出现抑郁、焦虑等症状。

除以上因素外,个人社会化还可能受到一些其他因素的影响。比如,宗教团体、青年组织,成年之后可能加入的军队、公司或其他就业单位,以及像各种俱乐部和退休者之家这样的志愿者团体。显然,不同因素对个体社会化的影响并不总是相辅相成的,有时甚至是公开冲突的。例如,教会和军队的价值标准可能迥然不同,同辈群体和学校的价值标准可能也不大一样。但这些都或多或少对个体的社会化产生潜移默化的影响。另外,没有任何一个个体只接受一种因素的影响。

思考题

1. 如何理解社会化的定义?
2. 社会化的内容有哪些?
3. 影响社会化的因素有哪些?
4. 分析社会文化对个体社会化的影响。

拓展阅读

第四章　人际关系

有这样一个任务:要求你给一个陌生人寄一封信。已知收信人的地址、姓名、电话、职业,住址在2400公里外你从未去过的城市。你必须通过邮局用以下方式传递这封信:先把信寄给你的一个熟人,接着,这个人继续将信寄给与他关系密切的人,如此相传,直到收信人的熟人收到信,最终把信寄到之前确定的收信人手里。这件事能办到吗？社会心理学家米尔格拉姆(S. Milgram)和他的同事请人尝试以这种方式寄信。令人意外的是,有五分之一的人把信寄到了收信人的手里。有的信甚至先是从美国寄到欧洲,然后再寄回美国,这些成功寄到的信件中间平均经过七个人之手。

这个实验结果能说明什么？七个人这个数,看上去并无惊人之处,但这使我们看到,每个人都与其他人的社会关系交织在一起。如果你认识几百人,按每个收到信的人又认识几百人,那七个人的关系链上,就有数以百万计的社会关系。由此可见每个人都处于一个复杂的社会关系网中。

在社会生活中,人们为了生存,就必然要与他人建立联系,与别人交流信息,从而建立各种人际关系,例如亲子关系、师生关系、同伴关系、同事关系、上下级关系,等等。人际关系的建立与维持不仅满足了人类的生存需要,而且也满足了人类健康发展的心理需要。人际关系归根到底是受客观社会关系制约的,反过来,它又深刻地影响着社会关系各个方面相互作用的形式。故人际关系与社会心理以及个体心理等方面都密切相关,了解人际关系的心理规律与原理,了解人际关系建立和发展的过程,洞悉个人在群体情境下的行为表现以及群体的特征是非常有意义的。

第一节 人际关系概述

一、人际关系的定义与成分分析

(一) 人际关系的定义

人际关系(interpersonal relationships),是人与人之间在活动过程中直接的心理上的关系,或心理上的距离。人际关系反映了个人或群体寻求满足其社会需要的心理状态,因此,人际关系的变化与发展决定于双方社会需要满足的程度。如果双方在相互交往中都获得了各自的社会需要的满足,相互之间才能发生并保持亲近的心理关系。相反,如果其中一方对另一方表示不友好、不真诚,引起另一方不满意,这时,双方的友好关系就终止,或发生疏远关系,或发生敌对关系。不论是亲密关系、疏远关系,还是敌对关系,都是心理上的不同距离或心理上的不同关系。

(二) 人际关系成分分析

各种各样的人际关系实际都是由三个相互联系的成分组成,即认知成分、情感成分和行为成分。

1. 认知成分

人际关系的认知成分是通过知觉、表象、想象、思维、注意和记忆等认知过程所达成的个体之间的感知和理解。在交往过程中相互理解就容易形成融洽的关系,如果由于某种主客观条件的影响,彼此产生错觉、偏见或误解,就难以形成融洽的关系,因此,认知成分在人际关系中是首要的基本心理成分。

2. 情感成分

人际关系的情感成分与人的情绪情感有关。积极的情感状态如热情、喜悦、爱护、喜欢、满意等能使人际交往的双方感到心情舒畅、情投意合,有利于人际关系的融洽;而厌恶、恐惧、冷漠、憎恨、仇视、埋怨、厌烦等消极情感状态则会引起情绪对立,令人际关系紧张。以情感为基础是人际关系重要的特点。

3. 行为成分

人际关系的行为成分主要包括各种行为及其结果,如举止作风、表情、手势及言语,它是人际关系的外在表现。人际关系的协调性主要体现在行为上相互配合,在劳动、学习、工作等具体活动中相互支持与协作。

人际关系的三个成分相互联系、相互制约,共同组成了人际关系这一统一的整体。根据人际关系的三个基本成分,可以看出理想的人际关系应表现为相互理解、情感融洽、行动协调。

二、人际关系的功能

人们为什么要和别人在一起?与他人建立良好的社会关系是人类社会生活的基本要素。例如,亲密的人际关系能给个体带来安全感及舒适感;与他人交往,与他人拥有相同的观点,则产生团体归属感;建立良好的关系,自己需要帮助时有机会获得他人援助,有助于个体获得可靠的同盟感;与他人交往也是获得指导与教育的有效途径。而从社会心理学角度来看,人际关系是维持个体身心健康的重要因素。有关人际关系的研究日益广泛的原因之一,是发现和谐的人际关系有利于生活幸福,有利于心理健康和身体健康。当然,不良的人际关系会使人们产生许多烦恼。

(一) 增加幸福感

研究表明,人际关系良好的人生活得更幸福些。原因可能是他们所获得的人际关系发生了作用。研究表明,一般情况下,幸福的婚姻可以给人们提供最大的幸福,在同一年龄层次的人中,结婚者比不结婚者要幸福,男性尤其如此。同时,友谊可以唤起人们的积极情绪,是人们获得幸福感的源泉之一。

(二) 有利于心理健康

心理上的疾病往往由紧张所引起。紧张产生的原因多种多样,如家庭生活中的争吵、经济问题、与邻居不和、交通不便,以及孩子不听话,等等。研究表明,社会支持(social support)可减少或防止心理紧张所造成的心理伤害。有些研究表明,社会支持与心理健康的联系是由于人际关系对心理健康发生了作用。在绝大多数场合下,社会支持和高度的自我尊重可以使人拥有一个健康的心理世界。

一项调查表明,自我评价中包括"忠诚的非常亲切的人际关系"因素的妇女中,70%没有情感上的失调,而缺乏这种关系的妇女中,只有43%没有情感上的失调。研究者在伦敦南部对458名妇女进行了调查,其中114名是精神病患者。研究者了解了她们在过去的岁月里所经历的生活中的危机体验和她们受到的社会支持的程度,发现在经历过生活事件的危机体验后,没有丈夫支持的妇女中,有41%得了抑郁症,而有丈夫支持的妇女中,只有10%得了抑郁症。

良好的人际关系在许多方面都有利于人们保持心理健康,例如,提高其自尊心与自信心,使自我意识发生直接作用;通过人际交往体验积极情绪,抑制焦虑和抑郁情绪,对其情绪发生直接影响作用;使人们意识到有人会支援和帮助自己,从而不害怕外部压力,认为自己有能力应付外界情境等。

> **专栏4-1　焦虑中的人爱抱团**
>
> 沙赫特(S. Schachter)设计了一个简单的实验。他选择了两组人:告诉一组说,他们要遭到一次强烈的电击;告诉另一组说,他们要受到一次轻微的电击,不会造成伤害。同时又告诉两组人,他们还要等几分钟才会受到电击,他们可以自己单独等候,也可以和别人在一起等候。第一组有63%的人表示他们要和别人在一起等候,第二组人中要求这样做的人却只有33%。一旦他们作出选择,实验便告结束,谁也没有受到电击。这个实验表明,当人在心理上产生恐惧时,更需要与他人在一起。人都有归属的需要,和他人在一起,会在一定程度上减缓个人的焦虑紧张感。因此,在高度焦虑的状态下,人们大都愿意选择与他人在一起。(Schachter,1959)

(三)促进身体健康

协调而亲密的人际关系有利于身体健康,尤其是在手术后的康复阶段人们需要更多关心。人际关系与人寿命的长短有关系。研究发现,在每一年龄组中,社会依附最脆弱的人最容易死亡(Berkman et al.,1979)。

紧张对身体健康产生消极影响的一个原因是,紧张会破坏人体的免疫系统(Jemmott et al.,1984)。研究发现,独居的人比其他的人吸烟、饮酒更多,就是因为独居者与他人联系少,得不到他人的劝告,从而养成了吸烟、酗酒的习惯,不利于身体健康。

第二节　人际关系理论

从建立人际关系的动机来看,人际关系理论主要有舒茨(A. Schutz)提出的人际需要的三维理论和霍曼斯(G. C. Homans)提出的社会交换理论。

一、人际需要的三维理论

(一) 三种基本的人际需要

舒茨认为,人际关系的模式大致可以通过三种人际需要来加以解释,即包容的需要、支配的需要和情感的需要。在舒茨看来,人际需要就是个体要求在自己与他人之间建立一种满意的关系,这种关系具体来说,就是自己与他人之间相互交换的总量以及他做出行为和接受行为信息的程度为自己所满意,他认为每个人都有三种最基本的人际需要。

1. 包容的需要

包容的需要(inclusive need)指个体想要与别人建立并维持一种满意的相互关系的需要。包容需要与在群体情境中个体的隶属问题有关。在家庭里,如果孩子与父母的联系较多,那么他们之间将形成肯定性关系,如果孩子与父母的联系和交往较少,他们之间即产生否定性关系。当孩子充分地融合到家庭关系中,他们会感到无忧无虑,不会产生任何焦虑;反之,当孩子受到忽视,没有与家庭群体充分融合时,他们就会产生焦虑。在焦虑状态下,孩子要么退缩到自己孤独的小天地中,要么与群体成员亲密交往,以达到融合的程度。

2. 支配的需要

支配的需要(dominance need)指个体在权力问题上与他人建立并维持满意关系的需要。在孩子与父母的关系中,有的父母完全控制孩子,独揽大权;有的父母允许孩子自己作出一切决定,不干涉孩子的行为。对孩子过分支配,或对孩子过分放纵,都会使其产生防御行为。在这种情况下,势必将使孩子或是竭尽全力去支配他人,或是完全拒绝接受他人的控制。

3. 情感的需要

情感的需要(affection need)指个体与他人建立并维持亲密的情

绪联系的需要。舒茨将这种需要定义为讨人喜欢、受人喜爱的需要。情感需要可以表现为积极的(从被吸引到爱),也可以表现为消极的(从较温和的不赞成到激烈的憎恨和反对)。因此,孩子与父母的关系可能具有亲热、赞许、爱等积极特征,也可能有冷淡、紧张和排斥等消极特征。在这种关系中,一旦个体不被喜欢或受到拒绝,则会产生焦虑。如果孩子缺乏足够的情绪接纳,他就可能产生退缩行为,即避免与他人有密切的关系,也可能只是保持肤浅的友好关系,或表面上与别人很好,内心却不一样。

(二)三种基本的人际行为

舒茨指出,上述每一类需要都可以转化为动机,产生一定的行为倾向,从而建立一定的人际关系。他根据个体在与双亲的关系中需要被满足的程度,将每种需要领域中的行为划分为三类,并描述了每种领域中的病态行为。

1. 包容行为

如果孩子的包容需要没有得到恰当的满足,即孩子要么没有与家庭达到足够的融合,要么在家庭中被包容过多,他就会在人际关系中产生低社会的或超社会的行为。低社会行为(undersocial behavior)的特点是内倾、退缩、避免与他人建立关系,拒绝加入群体之中。这种人一般来说会与其他人保持一定的距离,可能不参加、不介入别人的活动,或者巧妙地拒绝别人(如集会时迟到、讨论时打瞌睡等)。超社会行为(oversocial behavior)的特点呈外向,喜爱与他人接触,其行为是表现性的,例如大声讲话,吸引他人注意,将自己的意思强加于人,或问一些惊人的问题等。

舒茨认为在童年时期孩子若与家庭进行适度的融合则会产生理想的行为类型,即社会性行为。拥有理想行为的人在人际交往中没有什么障碍,他能够随着情境的变化而决定自己是参与群体还是不参与群体、参与多或参与少等。他不仅独处时感到幸福,与他人在一起时也会感到幸福。

2. 支配行为

支配行为主要通过决策过程表现出来。它分为拒绝型、独裁型和民主型三种。拒绝型的人倾向于谦逊、服从,在与他人交往时拒绝权力和责任。这种人甘愿当配角,希望别人承担责任,只要有可能他就从不自作主张。独裁型的特点是喜好支配、控制他人,喜欢最高的权力地位。这种人喜欢作决定,不仅为自己而且为任何人作决定。民主型是理想的类型,能顺利地解决人际关系中与控制有关的问题,能根据情况适当地确定自己的地位和权力范围,既能够顺从上级,又能够自己掌权。当个体拒绝接受任何控制时,就产生病态行为,这种人拒绝尊重他人的权益,或者拒绝遵守社会规范,或者过分服从规范。

3. 情感行为

舒茨认为情感是两个人之间紧密的情绪联系。他认为双亲与儿童在情感上不适当的关系可能产生低个人行为(underpersonal behavior)或超个人行为(overpersonal behavior),而理想的情感关系则产生正常个人行为。低个人行为表现为避免亲密的人际关系,这种人尽管表面上表现得很友好,但却与人保持一定的情绪距离并希望别人对他也这样。产生这种行为的根本原因在于他担心自己能否获得别人的好感,能否博得他人喜欢。超个人行为希望与别人有密切的情绪联系并试图建立这种关系。这种人要么表现得格外具有人情味或格外热情,要么死死地盯住自己的朋友,阻止他与别人建立友谊。拥有正常个人行为的人在童年时代就顺利地解决了与情感有关的问题,无论关系密切与否,他都能恰当地看待自己。他自信自己会讨人喜欢,他可以依据情况与他人保持一定距离,也可以与之建立亲密的关系。

由于三种人际需要都能表现为主动性或被动性,舒茨认为它们形成六种人际关系行为模式,见表4-1。

表4-1 与人际需要对应的人际关系行为模式

人际需要类型		人际关系行为
主动性	包容	主动与他人交往
	支配	支配他人
	情感	主动表示爱
被动性	包容	期待他人接纳自己
	支配	希望他人引导
	情感	等待他人向自己示好

(采自 Schutz,1958)

二、社会交换理论

社会交换理论(social exchange theory)是社会学家霍曼斯于1958年提出的。他受经济交易理论的启发,强调社会互动过程中的社会行为是一种商品交换。霍曼斯指出经济学只能描述交换关系,社会学也只能描述交换发生的社会结构,而心理学才是解释交换的钥匙。霍曼斯认为斯金纳的行为主义心理学(behavioristic psychology)是对社会结构解释得最佳的心理学理论。

社会交换理论的基本假设是,人们的行为要么是为了获得报酬(或奖赏),要么是为了逃避惩罚,并且人们是按照尽量缩小代价而提高收益的方式行动的。霍曼斯明确指出,交换不仅仅包括物质商品的交换,而且包括诸如赞许、荣誉或声望等非物质商品的交换。据此他提出了参加者的报酬与代价理论,认为在人际交往过程中,得到的是报酬,付出的是代价,精神利润就是报酬减去代价。在与他人打交道时,从一种关系中得到的东西可能是报酬,而给予的可能是代价。霍曼斯提出要是一个人在社会互动中给予别人的多,他就要设法从别人那里多获取一些东西作为报酬,人们总是试图保持"账目"的平衡。同时一个人在与他人的互动中常常要最大限度地扩大利润,既想付出最少的代价,同时又千方百计地尽可能获取更多的报酬。然而除非双方得利,否则社会互动无法进行下去。良好的人际关系就是在这种动机的驱使下建立的。

可见,霍曼斯交换理论发展了分配上的公平原则(equity rule)。霍曼斯论证说,社会上存在着一种制约交换的普遍规范:一方面,人们希望自己得到的报酬与他们付出的代价成正比,如果违反公平原则,且损害个人的既得利益,个人就会感到愤慨;另一方面如果总是得到利益而不付出代价,个人也会感到内疚和不安。

当然,个体在进行社会交往时,他们对报酬和代价的认识并不是固定不变的,也不一定是根据物质的绝对价值来估计的,这完全是一个与心理效价有关的问题。这就是为什么有些事情在有些人看来根本不值得做,而一些人却觉得有必要去做;有些事情有的人觉得非常有价值,其他人又会觉得毫无意义。可见,社会交换过程包含了深层的心理估价问题。

第三节　人际吸引

人际吸引是指人与人之间通过交往而产生彼此注意、欣赏、爱慕,并且通过彼此的进一步接触来加深感情,建立起更为深入的关系的过程。

如何成为有吸引力的人呢? 人际间的相互吸引,受到很多因素的影响。彼此接触多了,日久生情会产生吸引;两个人有相似的经历或兴趣会产生吸引;两个人性格不同,互为补充,也能产生吸引;当然由于外表原因所导致的吸引也十分普遍。

一、影响人际吸引的因素

（一）接近性

接近性（proximity）在人际吸引的早期阶段十分重要，俗话说"远亲不如近邻"，空间上的距离越接近，彼此接触的机会就越多，就越能够增进相互了解，越容易形成密切关系。在大学里经常见到的"同乡会"就是由来自同一个地区的同学组成的一个群众性组织，由于在语言、经历、感受等方面存在高度的一致性，他们之间的交流更频繁，关系更密切。当彼此都熟悉了之后，在共处的时候就会更多地替对方考虑，有意识地避免不愉快的事情发生。因此，彼此接近的人比较容易成为朋友。

美国心理学家费斯廷格等人曾对住在同一幢楼里的家庭彼此之间成为亲密朋友的情况进行了研究，结果表明：人们认为与隔壁邻居要比隔一个门的邻居更亲密一些。41%的人会选择与隔壁邻居成为朋友，而选择与隔一个门的邻居成为朋友的只有22%。不仅那些住邻近宿舍的同学容易成为朋友，甚至是那些住在同一楼层、上下楼走同一楼梯、报箱邻近的同学都更容易成为朋友。还有研究发现在加利福尼亚的一个新兵营里人们都愿意和近距离的人谈话（Monge et al.,1980）。出现这一现象的原因很简单，住得越近，见面机会越多，自然而然就更容易建立交往关系。可见沟通机会的多寡与居住距离的远近有关，这会对人际吸引产生影响。另外一些学者在其他大学做过类似的研究，几乎得出同样的结论。

在社会心理学中，这一现象被称为熟悉效应（familiarity effect），或曝光效应（exposure effect），指的是我们会偏好自己熟悉的事物，也就是说我们见到某个人的次数越多，就越觉得此人招人喜爱、令人愉快。在20世纪60年代，心理学家扎荣茨（R. Zajonc）曾经做过一个有趣的实验。他让一群学生观看某一学校的毕业纪念册（被试不认识纪念册里出现的任何一个人),看完毕业纪念册之后再请他们看一些人的照片,其中有些照片上的人在纪念册中出现了二十几次,有的出现十几次,而有的则只出现了一两次,然后请被试评价他们对照片中的人的喜爱程度。结果发现,在毕业纪念册里出现次数愈高的人,被喜欢的程度也就愈高,也就是说,看到的次数与喜欢的程度正相关。

当然,人与人在空间上的彼此接近,只是人际吸引的一个必要条件,而不是充分条件。并不是结婚时间越长,夫妻就一定会更亲密、更幸福。影响人际吸引的因素有很多。在接近的条件下,彼此之间必须要相互悦纳、体谅、宽容、克制,要能够非常高兴地接纳对方的态度和意见,接纳对方的观点和看法,体谅对方的难处,容忍对方的小缺点,在发生冲突的时候要能够克制自己的冲动。如果在出现严重分歧时不能很好地进行沟通和交流,不能相互体谅和容忍,接触次数越多,关系反倒会越紧张,甚至会导致冲突、疏远,乃至决裂。

(二)相似性

有时候人际交往的双方若在个人特性方面存在相似性(similarity),则容易相互吸引,两者越相似吸引力则越强,进而产生亲密感。个人特性一般包括年龄与性别、个人社会背景、态度等。在其他信息缺乏的情况下,同年龄的人比较容易相互吸引,如老年人喜欢和老年人一起,年轻人喜欢和年轻人在一起。在教育水平、经济收入、籍贯、职业、社会地位、价值观、资历等方面相似的人们亦容易相互吸引。

在相似性因素中,态度是最主要的因素,对社会上发生的重大事件看法都比较一致的人,在感情上更加融洽,即所谓志同道合。研究发现人们在"熟悉效应"的作用下喜欢一起工作的人,然而,与之相比那些与自己态度相似的人更受欢迎(Lydon et al.,1988)。大部分人都希望自己对人对己对事的态度是正确的,别人所发表的同自己的态度相似的、一致的意见,不仅是对自己观点的支持,而且也是对自己观点正确性的一种证实,从而能增强其安全感与自信心。因此,持有近似态度的人也就更易成为自己所喜欢的人。

> **专栏4-2 相似的态度、价值观与吸引力**
>
> 纽科姆(T. M. Newcomb)曾做过一个实验。实验首先公开征寻住宿志愿者,共十七人,都是大学生。实验者免费为志愿者提供四个月的住宿,交换条件是定期接受谈话和测验。实验步骤是这样的:进入宿舍以前测定他们关于经济、政治、审美、社会福利等方面的态度和价值观以及他们的人格特征。然后将对一些问题的态度、价值观和人格特征相似和不相似的大学生混合安排在几个寝室里,一起生活四个月。四个月内定期测定他们对特定问题的看法和态度,让这些大学生评价同室人员,喜欢谁,不喜欢谁。实验结果表明,在相处的初期,人们之间的吸引力基本由空间距离决定,到后期则发生了变化,彼此间的态度和价值观越是相似的人,相互间的吸引力越大。(Newcomb,1961)

(三)互补性

虽与相似性的逻辑不同,然而现实中互补性(complementarity)也同样会产生吸引力。例如,独立性较强的人,往往喜欢和依赖性较强的人在一起,脾气急躁的人,往往喜欢和脾气温和的人相处,从而使双方关系更为协调,各人的特点正好适合对方的需要,各得其所。因为人都有一种自我完善的趋向。

研究表明,互补因素增进人际吸引,往往发生在感情深厚的朋友之间,特别是在异性朋友或夫妻间。柯克霍夫(Kerckhoff et al., 1962)等人研究了一些已建立恋爱关系的大学生情侣。结果发现,对交往时间较短的情侣来说,推动吸引的动力主要是相似的价值观念,而驱使情侣发展更长期、更密切关系的动力主要是需要的互补。由此,有学者提出择偶的过滤假说,两个不相识的男女要结成终身伴侣,必须经过几道过滤关卡:①时空距离的接近;②个人的因素,主要指当事人的社会经济地位、教育水平、信仰等;③态度与观念的相似;④需要的互补。当然,并非所有婚姻的缔结都必须经过这一系列过滤。弗里德曼(Friedman,1981)指出,一般来说,相似性因素在吸引中起重要作用,但有的时候,当两个人的角色作用不同时,互补性因素则起重要作用。

(四)外表

俗话讲"人不可貌相",道理我们都懂,但是在实际的人际交往中,人们却往往忽视这些忠告,经常看重外表(appearance),"以貌取人"。在交往时,一个人如果五官清秀,举止从容,衣着整洁得体,就会对他人产生很强的吸引力,这种第一印象的吸引力促使人们进一步接触,从而结成良好关系。爱美是人的天性,美的外貌、风度能使人感到轻松愉快,形成一种美的吸引,这使得在人际交往中,人们往往无法消除由对方外表而产生的影响。因此,外表因素有形无形地左右了人际间相互关系的建立与发展。

在现实生活中,人们常常认为漂亮的就是好的,我们经常提到的"郎才女貌"就暗含了我们对女性漂亮外表的喜欢。人们之所以喜欢外表漂亮的人,是因为在潜意识中不自觉地把外表吸引力与内在的人格特征、能力大小等同起来了。人们往往认为外表富有吸引力的人要比一般人更聪明、能干、快乐、自信,这在心理学上被称为"晕轮效应"。一个人的周围就像笼罩着一层光晕一样,让别人看不到他(她)的缺点和不足,只剩下优点和长处。所谓的"情人眼里出西施"就是这种"晕轮效应"最直接的表现。男女双方在热恋的时候,很难找到对方的缺点,认为对方的一切都是好的,做的事都是对的,就连别人认为是缺点的地方,在对方看来也是无所谓的。

外表吸引力并不是女性的专利,许多女性承认外表吸引力对男性来讲也同样重要。有研究发现,在外表吸引力对社会交往主动性的影响力方面,男性比女性更为显著。因为有吸引力的男性在与女性约会时,更能得到肯定和鼓励,更能增强他的信心和勇气,使他更能主动与女性接近和相处。而女性则由于受传统文化的影响比较大,在与异性交往时往往处于被动地位,外表上的优势不一定能得到充分发挥。当然我们在这里提到的外表吸引力不仅仅是指容貌,还包括气质、风度、谈吐、修养、服饰、装扮等方面的内容。要想提高自身的吸引力,绝对不是靠美容术就可以实现的,需要在多个方面提高自己的综合素质,把自己塑造成一个落落大方、举止优雅、风度翩翩、谈吐不凡的人,吸引力也一定会呈直线上升趋势。

(五)个性特征和能力

毫无疑问,人们的外貌和仪表能够对人际交往和人际关系的发展起到一定的促进作用,但最终,在日常生活中,我们常常能够体验到,经过一段时间的交往后,优秀的个性品质(personality trait)和能力(ability)才是最具魅力的。社会大舞台上,容貌一般但智力超群、才华横溢、有所成就的人,要比那些仪表出众但能力平平、毫无成就的人更具吸引力。

首先,优秀的个性品质具有无与伦比的吸引力,而且表现得更稳定、更持久、更深刻。安德森(N. H. Anderson)研究了不同人格特质受到喜欢的程度。他列出了555个描写人的形容词,让大学生被试指出更喜欢具有哪些品质的人,并对各项的重要程度进行排序。结果如表4-2所示,受到最高评价的人格特征是"忠诚",而最不受欢迎的品质为"作风不正","固执""文静""反叛"等则属于中性的人格特征。(Anderson et al. 1966)

表4-2 人格特质受到喜欢的程度(部分结果)

最受喜欢的品质	中性品质	最不受喜欢的品质
1. 忠诚	1. 固执	1. 作风不正
2. 诚实	2. 循规蹈矩	2. 不友好

续表

最受喜欢的品质	中性品质	最不受喜欢的品质
3. 理解	3. 大胆	3. 敌意
4. 真诚	4. 谨慎	4. 唠叨
5. 真实	5. 追求完美	5. 自私
6. 信得过	6. 易激动	6. 目光短浅
7. 理智	7. 文静	7. 粗鲁
8. 可靠	8. 好冲动	8. 自高自大
9. 有思想	9. 好斗	9. 贪婪
10. 体贴	10. 腼腆	10. 不真诚
11. 可信赖	11. 猜不透	11. 不友善
12. 热情	12. 易动情	12. 信不过
13. 友善	13. 害羞	13. 恶毒
14. 友好	14. 天真	14. 烦人
15. 快乐	15. 闲不住	15. 虚伪
16. 不自私	16. 好空想	16. 不老实
17. 幽默	17. 追求享受	17. 冷酷
18. 负责任	18. 反叛	18. 邪恶
19. 开朗	19. 孤独	19. 假装
20. 信任别人	20. 依赖	20. 说谎

（采自 Anderson et al., 1966）

我国学者的研究也获得了类似的结果。黄希庭等（1984）以大学生为对象（共21个班级），研究了人际吸引中的个性特征问题，总结了有利于人际交往的个性特征与不利于人际交往的个性特征。结果如表4-3、表4-4所示：

表4-3 有利于人际交往的个性特征

次序	个性特征
1	尊重他人,关心他人,对人一视同仁,富有同情心
2	热心班集体活动,非常可靠和负责
3	稳重、有耐心、忠厚老实
4	热情、开朗、喜爱与人交往、待人真诚
5	聪颖、爱独立思考、成绩优良、乐于助人
6	重视自己的独立性,并且有谦逊的品质
7	有多方面的兴趣和爱好
8	幽默,不尖酸刻薄
9	温文尔雅、端庄、仪表美

（采自黄希廷,等,1984）

表4-4 不利于人际交往的个性特征

次序	个性特征
1	以自我为中心,只关心自己,不为他人的处境和利益着想,有极强的嫉妒心
2	对班集体的工作缺乏责任感,敷衍了事或浮夸不诚实,或完全置身于集体之外
3	虚伪、固执、吹毛求疵
4	不尊重他人、操纵欲、支配欲强
5	对人冷漠、孤僻,不合群
6	有敌对、猜疑和报复的倾向
7	行为古怪、喜怒无常、粗暴、粗鲁、神经质
8	狂妄自大,自命不凡
9	学习成绩好,但不肯帮助他人,甚至轻视他人
10	自我期望很高,气量狭小,对人际关系过分敏感
11	势利眼,想方设法巴结领导而不听群众意见
12	学习不努力,无组织,无纪律,不求上进
13	兴趣贫乏
14	不约束自己

（采自黄希廷,等,1984）

专栏 4-3　不同人格品质对人际交往的影响力

研究结果表明，有些品质在人际交往中被更看重。那么不同人格品质对人际交往确实存在不同的影响吗？美国心理学家阿希（S. E. Asch）在 1946 年用一系列经典实验给出了肯定的答案。研究者给被试有关某人的描述清单，罗列出了某人的七种品质：

清单 1：聪明，熟练，勤奋，热情，坚决，实干，谨慎

清单 2：聪明，熟练，勤奋，冷酷，坚决，实干，谨慎

可见，两种描述中六个品质都相同，只有一个品质不同即"热情"或"冷酷"。然后，阿希请两组被试根据所拿到的关于某人的七个品质的描述清单，尽可能详细地评价被描述的人的人格，并详细地说明希望这个人具备哪些品质。结果阿希从两组被试那里得到了完全不同的答案：第一张清单中的人，仅仅因为他有热情的品质，就受到了被试的喜爱，被试毫不吝啬地把一些清单中根本没有，也根本与清单中所列品质无关的好品质，统统地"送给"了他；而第二张清单中的人，就仅仅因为用冷酷代替了热情，结果就受到了被试的厌恶，被试在评价这个人时则是把一些在清单中根本没有，也根本与清单中所列品质无关的坏品质，统统地"送给"了他。这一实验结果表明，热情还是冷酷，可使一个人对他人的吸引力，发生实质性的变化。

为了再次验证"热情、冷酷"这一对品质对人际吸引的巨大作用，阿希又设计了实验进行检验。在这次实验中，阿希用"礼貌、生硬"这对词，代替了上述的"热情、冷酷"，其他六个词仍然保持不变。结果，阿希发现，这次实验中的两组被试对两个清单中所描述的人的评价没有显著差别，描述得几近相同。这一实验的结果验证了，有些品质（如热情）在人际吸引中扮演着更为重要的角色，在很大程度上决定着个体在社会交往中的吸引力。

能力也是影响人际吸引的重要因素，个人在能力与特长方面比较突出，与众不同，其本身就有一种吸引力。研究者向被试同时描述了某人的外貌特征和才智，结果发现才智在吸引力上更为重要。那么，是不是能力越强就越受欢迎？其实也不尽然。在阿伦森的一项研究中，研究者给被试看了四段录像，内容是甲乙丙丁四个人在某次访谈中的表现，甲才华横溢、全程完美发挥；乙也才智超人，然而在访谈中略显紧张，还不小心打翻了主持人的咖啡；丙资质平庸，虽表现

自如却也并无出彩之处;丁也和丙一样是一位能力平平的人,他在接受访谈过程中十分紧张,也打翻了主持人的咖啡。看过录像后,研究者请被试对四个人的吸引力水平打分,结果见表4-5。最缺乏吸引力的是丁,而出意料的是,最受欢迎的是乙而非甲。(Aronson et al.,1966)这一结果表明才能平庸者固然不会受人倾慕,而全然无缺点的人,也未必最讨人喜欢,这一现象被称为即"仰巴脚效应"或"犯错误效应"。一个看起来很有才华的人,如果表现出一点小小的过错,或者暴露出一些个人的缺点,反而会使人喜欢接近他。如果一个人表现得十全十美,反倒会使人感到高不可攀,让人望而却步,不敢与之交往。

表4-5 能力与吸引力水平之间的关系

能力表现	吸引力水平
能力高超	20.8 分
能力高超,有小差错	30.2 分
能力平庸	17.8 分
能力平庸,有小差错	-2.5 分

(采自 Aronson et al.,1966)

由此可见,良好的个性和突出的能力才是一个人真正的魅力所在。个性的形成和能力的提高不是一朝一夕能够完成的,需要长期努力。如果能够注重自身个性塑造和能力的培养,不但可以在人际交往中获益,对个人今后的发展也是极其有利的。

二、亲密关系的发展模式

亲密关系的发展是一个由无到有、由浅入深的过程。社会心理学家分析了亲密关系的发展模式。勒温格(Levinger)用五个阶段描述了亲密关系的发展过程(如图4-1所示),人世间的友谊与爱情即在此过程中形成(Levinger et al.,1972)。

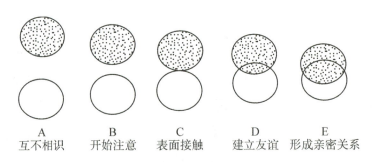

图 4-1 亲密关系的发展

(采自 Levinger et al.,1972)

第一阶段(如图 4-1A 所示):互不相识,甚至均未注意到对方的存在。

第二阶段(如图 4-1B 所示):单方(或双方)注意到对方的存在,单方或双方也可能知道对方是谁(如同校同学),但从未接触过。

第三阶段(如图 4-1C 所示):单方或双方受到对方的吸引,与之(或彼此)接近,构成表面接触。即使这时双方或单方心存情谊,但在此阶段也只有很表层的自我表露,例如谈谈自己的职业、工作,对最近发生的新闻事件的看法等。虽然这时形成的只是很表面的人际关系,但这一阶段所形成的第一印象,在人际关系的发展上甚为重要。如单方或双方对对方的印象不深,很可能他们之间的人际关系即到此为止。很多人同学同事多年,彼此交往泛泛,就是因为他们之间的关系只是停留在第三阶段的缘故。一个人在日常生活中与很多人维持着此种关系。而如果双方都有好感,产生了继续交往的兴趣,那么就可能进入第四阶段。

第四阶段(如图 4-1D 所示):双方开始友谊关系。在此阶段双方在心理上有一个重大的转变,开始将对方视为知己,愿意与对方分享信息、意见与感情。这时双方有了进一步的自我表露,建立了基本的信任,彼此有比较深入的情感卷入,开始谈论一些相对私密的问题,例如诉说工作学习中的感受、生活中的烦恼,讨论家庭问题等。双方的关系已经超越了正式规范的限制,比较放松,比较自由自在,如果有不同意见也可以坦率相告,没有多少拘束。人际关系发展到彼此都能自我表露的程度时,那就到了友谊形成的阶段。

第五阶段(如图4-1E所示):建立亲密关系。朋友之间的友谊也有程度深浅之分。就朋友间的自我表露而言,有的朋友只重信息与意见等的交换,而感情上则表露得较少,这是以事业或学问为基础的友谊关系。有的朋友在信息与意见交换之外,更重视感情的表露,彼此间在感情上达到相互依赖的地步。人际关系发展至此,无疑是达到了"你中有我、我中有你"的程度。如双方属同一性别,就会成为至交;如双方系异性,而且在感情上又添加性的需求,以及奉献与满足的心理成分,那就成为爱情。

专栏4-4　爱情三角形理论

恋爱关系是一种特别亲密的关系。对许多人来说,爱情十分美妙、神奇,代表着许许多多的美好想象。对于这种在诗人与作家的笔下神秘莫测的东西,要从心理学的角度进行科学研究,难度可想而知。不过,不少心理学家已经进行了相当深入的探讨,取得了富有启发性的成果。斯腾伯格(R. J. Sternberg)提出了爱情三角形理论(如图4-2所示)。他认为爱情有三个基本成分:亲密、激情与承诺。亲密是两个人相处时是否有相互喜欢的感觉;激情是关系中令人兴奋激动的部分,包括性的吸引;承诺是指愿意永远爱对方。这三种成分以不同的比例相结合,可以得到七种不同类型的爱情。

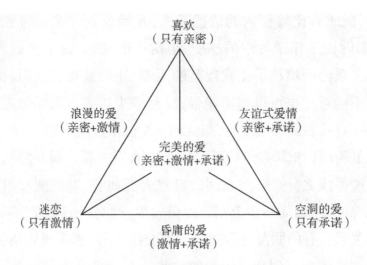

图 4-2 斯腾伯格爱情三角形理论

人际关系由浅到深逐渐发展时，会受到许多因素的影响，影响吸引力的各个因素在人际关系发展的不同阶段所起的作用是不同的。人际关系发展的程度体现在几个因素上，如接近性、自我表露以及情绪的反应程度等方面，但是，人际关系的发展轨迹也是多变的。

专栏 4-5 社会交往中弱关系比强关系更重要吗？

著名社会学家、斯坦福大学教授格兰诺维特（M. Granovetter）曾经在 20 世纪 70 年代专门针对在波士顿近郊居住的专业人士、技术人员和经理人寻找工作的途径进行研究，并根据此研究撰写了他在哈佛大学的博士论文。格兰诺维特找到 282 人，然后从中随机选取 100 人做面对面访谈。发现其中通过正式渠道申请，比如看广告投简历，找到工作的不到一半。100 人中有 54 人是通过关系找到的工作。但这里面真正有意思的不是靠关系，而是靠什么关系。格兰诺维特发现，真正有用的关系不是亲朋好友这种经常见面的"强联系"，而是"弱联系"。他发现，在这些靠关系找到工作的人中只有 16.7% 经常能见到他们的"关系人"，而 55.6% 的人用到的"关系人"仅仅偶然能见到，另有 27.8% 的人的"关系人"则一年也见不到一次。也就是说大多数人真正用到的关系，是那些并不经常见面的人，即"弱联系"。这些人未必是什么大人物,他们可能是已经不怎么联系的老同学或同事,甚至可能是你根本就不怎么认识的人。他们的共同特点是都不在你当前的社交圈里。格兰诺维特对这个现象有一个解释:整天跟你在一起的这帮人,很可能干的事跟你差不多,想法必然也很接近,如果你不知道有一个这样的工作机会,他们又怎么会知道?只有"弱联系"才有可能告诉你一些你不知道的事。格兰诺维特以这个理论为基础撰写的论文《弱联系的强度》,被广泛引用。这个研究的影响很深远。"弱联系"的真正意义是把不同的社交圈子连接起来,从圈外给你提供有用的信息。

根据弱联系理论,一个人在社会上获得机会的多少,与他的社交网络结构有很大关系。

第四节 人际沟通

一、人际沟通的含义

在社会活动中,人们运用语言符号系统或非语言符号系统交流信息、沟通情感的过程就是人际沟通(interpersonal communication)。从信息论的角度来看,人际沟通的过程,就是信息交流的过程。在这一过程中,人们交流各种思想、观点、情感、态度和意见,从而建立一定的人际关系。人际沟通是人际关系形成的前提与条件,人际关系是人际沟通的基础,两者是相辅相成的。人际沟通是人们共同活动的特殊形式。任何个人或群体进行的沟通,总是为达到某种目标、满足某种需要而展开的。沟通者越是相互熟悉,沟通就越个人化。例如,与好朋友沟通就比与陌生人沟通更加个人化(Miller,1975)。研究表明,人们沟通时,会根据对方的反应来选择某种沟通策略,以达到影响对方的目的,其所采取的策略,既受当时的环境因素如时间、空间及自然条件等的影响,也受个体的经验和期望的影响。当沟通双方运用策略进行沟通时,也就发生了相互作用。这种沟通是系统性的活动过程,它不仅有开始、有结束,更主要的是在不断运动,即沟通是动态的而非静态的,是相继性地永远变化着的。

从上述定义及分析可见人际沟通的一系列关键特征:①人际沟通涉及语言和非语言能力;②人际沟通的行为既可以是自发的,也可以是符合角色要求的或是自由设计的,还可以是这三者的结合;③人际沟通不是静止的而是发展的;④人际沟通表现为人际信息的反馈、人际互动等;⑤人际沟通受内部与外部因素的制约;⑥人际沟通是一种活动;⑦人际沟通可能包括说服。

二、人际沟通的基本过程

人际沟通的过程包括信息传递和接受的过程,以及由此产生的一系列相互作用。个人通过积极主动的活动发出信息,信息在传递的过程中不断被充实与发展,随后,信息接受者按自己的知识经验、需要和兴趣对信息进行处理,有选择地接受信息并作出及时反馈。由此可见,任何人际沟通过程不外乎是信息发送者运用符号系统所表示的意义发出信息,信息通过载体或媒介被接受者所接收。在这个过程中有四个值得注意的要素:①发信者(信源),即使传递的信息符号化,然后将符号化的信息发送出去的个体或群体;②信息,即传递的具体内容,包括人所发出的指令、观点、情感、态度等;③信道,即信息由发信者传达到受信者的载体或媒介物,如声音、画面、文字等;④受信者,即接受信息、理解符号、作出反应的个体或群体。

在信息的传递过程中,发信者和受信者双方的位置并不是固定不变的。如果沟通过程存在反馈联系,则受信者发出反馈信息,由受信者变为发信者,而原来的发信者则变为受信者,两者位置互换。人际沟通的过程可用如下模式图(图4-3)表示:

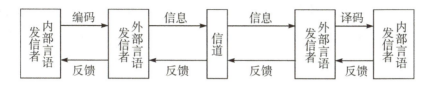

图4-3 人际交往过程模式图

(采自时蓉华,1986)

三、人际沟通的心理功能

人际沟通最基本的作用是传递信息,通过沟通传递信息后,人们的心理会发生变化,这就是沟通的心理功能。沟通的心理功能包括以下几个方面。

(一)协调功能

人际沟通有利于提供信息、调节情绪、增进团结。人们通过沟通进行联系,形成一定的社会关系。为了协调共同活动的需要,使社会成员有秩序地生活,避免各种矛盾和冲突,人们制定了一系列群体规范和社会行为准则。这些规范和准则必须通过人际沟通传达给社会中的每个成员,促使人们的行为保持一致。同时,人际沟通能够传播健康的社会思想,促使人们的社会行为规范化,形成良好的社会心理气氛,净化社会风气,消除不健康的社会意识形态,使社会处于和谐、稳定、有秩序的状态之中。

(二)心理保健功能

人际沟通对个人的心理健康有着极为重要的作用,沟通是人类最基本的社会需要之一,同时也是人们同外界保持联系的重要途径。沟通有利于增强个人的安全感,增强人与人之间的亲密感。沙赫特的实验表明,人有亲和需要,当心理发生恐惧时,更需要与他人在一起。人都有归属的需要,通过彼此间的沟通,可以诉说各自的喜怒哀乐,这样就增进了成员之间的感情。事实表明,沟通剥夺(communication deprivation)同感觉剥夺(sensory deprivation)一样,对人的心理损害是极其严重的。例如,长期关押在单人牢房的囚犯,由于沟通被剥夺从而导致精神失常的事例并不少见。

(三)自我表露功能

有学者认为,人际沟通乃是一种自我表露(self-disclosure)的过程。自我表露是指在人际沟通中自愿地把自己的个人信息传递给对方。自我表露是人与人之间发展感情、友谊的关键途径,自我表露的深度与广度随沟通对象不同而有所不同。显然,与好朋友沟通的深度与广度都大于一般熟人或陌生人,因为好朋友早已了解与自己相关的许多信息,再说,在好朋友面前,沟通可以更加敞开。

根据研究发现,自我表露程度与心理健康存在着线性关系,但太多或太少的自我表露都不合适,如图4-4所示。

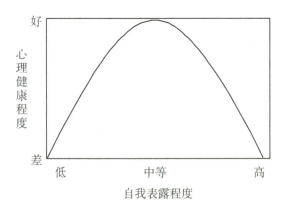

图4-4 自我表露程度与心理健康的关系

(采自 Weiten et al.,2000)

由此可见,人际沟通时,适度的自我表露才更有利于自己的心理健康。

(四)驱动功能

人与人之间的不断沟通,为个体提供了大量的社会性刺激,为个人的发展提供动力,从而有利于个体社会性意识的形成与发展。婴儿一出生就通过与父母的沟通获得生理的和心理的满足。随着年龄的增长,个人与他人沟通的范围日益广阔,接受各种社会思想,形成一定的道德体系,逐渐完成各个年龄阶段的人生发展课题,社会意识由低级向高级迈进,形成健全的人格特征以适应复杂的社会生活。

人际沟通对老年人来说,更是不可忽视的动力源泉之一。如果缺乏信息传递,老人就会感到空虚、抑郁,还会加快脑细胞萎缩。如对上海退休老年人的调查研究表明,与人来往较多,并且人际关系较为协调的老人,比那种很少与人往来的老人有更多的幸福感。后一种老人更多地体验到的是悲伤与孤独感(时蓉华,1985)。许多国家设立各种老年中心、老人俱乐部等机构,以增进老年人之间的信息传递,消除他们的寂寞感,使老年人的生活充满新鲜感。

四、人际沟通的工具

人际沟通,作为信息的传递过程,必须借助于一定的符号系统作为信息的载体才能实现,符号系统是人际沟通的工具。一般可以把符号系统归为两类,即语言符号系统和非语言符号系统。运用语言符号系统进行的沟通称之为言语沟通,运用非语言符号系统进行的沟通称之为非言语沟通。

(一)人际沟通的语言符号系统

语言是一种社会现象,是社会约定俗成的符号系统,而言语则是人们运用语言符号进行沟通的过程。语言是人类最重要的沟通工具,也是信息传递最强有力的手段,大多数信息的编码和译码是在语言的参与下进行的。实验证明,借助于语言表达的沟通信息,在意义上的损失最小。语言符号系统即利用语言进行的言语沟通,它是任何其他沟通工具所无法替代的。

语言可分为口头语言和书面语言,即语音符号系统和文字符号系统。

1. 口头语言

在直接沟通中,人们大都采用口头语言,它作为使用有声的自然语言构成的语音符号系统,在日常生活中应用最广且见效最快。例如,会谈、讨论、演讲及面对面谈话都可以直接、及时地交流信息、沟通意见。信息发出者在说的过程中积极思考,进行信息编码,筛选出对方最容易理解的词语和句法,输出信息。而信息接受者在听的过程中同样要集中注意力积极思考,进行信息译码,筛选出最有用的信息加以储存。由"说"和"听"构成的言语沟通情境,直接促使对方在心理上产生交互作用。

2. 书面语言

在间接沟通中,一般采用书面语言。书面语言不受时空条件的限制,能更为详尽、丰富地表达叙述者的意见和情感,并可广泛地流传。通知书、信函、公文一般都采用书面语言的形式。书面语言不仅能够使个人获得他人的知识经验,而且扩大了人们认识世界的范围。在沟通活动中,书面语言虽不及口头语言直截了当、简便易行,但书写时可以充分考虑词语选择的恰当性,字斟句酌,达到更为完美的表达效果,实现口头语言无法完成的沟通。由"写"和"读"构成的言语沟通,使交际范围得到进一步扩展,丰富了人们沟通的内容。当然,口头语言和书面语言并不是彼此孤立的,在大多数情况下,两者共同存在,互为补充。

(二)人际沟通的非语言符号系统

非语言符号系统,即在人际交往和沟通过程中,凭借动作、表情、实物、环境等形式进行的信息传递。迄今为止,愈来愈多的人已经不得不承认非语言形式的沟通在社会沟通中所起的重要作用。即使仅仅从非语言沟通在整个人际沟通过程中所占的比重或数量来说,也不容否认它的重要性。有研究者就人际沟通中非语言沟通发生的数量进行估计,发现一个人平均一天说话的总时间仅有 10~11 分钟,平均每个标准句子仅占 2.5 秒钟,在两个人的沟通过程中,语言所传递的信息不到全部传递信息的 35%,而 65% 以上的信息是由非语言的形式传递的。还有学者估计,在一条信息传递的整个过程中,只有 38% 是有声的(包括音调、变音和其他音响),7% 是语言,而 55% 的信息则是无声的。当然,这些都是对讲英语的美国人所做的推测,或许其中含有夸大的成分,但作为一种参考,我们也不难看出非语言在沟通中所扮演的重要角色。

判断非语言沟通重要性的另一种方法是考察在沟通过程中使用的所有沟通方式。霍尔(A. Hall)在其著名的《无声的语言》一书中,曾提出了人类沟通信息的十种完全独立的方式,他把这些方式称之为"基本的传递信息的方式"。他认为其中只有一种是语言方式,其他皆为非语言方式。研究指出,人类的沟通至少可以通过六种渠道,分别是言语、视觉行为、间距、身势、辅助语言和气味。非语言符号系统一般有以下几种形式。

1. 视-动符号系统

手势、面部表情、体态变化等都属于视-动符号系统。动态无声的皱眉、微笑、抚摸,静止无声的站立、倚靠等,及眼镜、口红、发型等附加物在沟通中都能起到一定的作用。仅人的脸部,就能做出许多种不同的表情。国外一些学者对视-动符号系统进行了专门研究,建立了所谓身势学。身势学研究者把人体分成八个部分:整个头部;脸部;颈部;躯干;肩、臂和腕;手和手指;臀部、腿和踝部;脚部。他们称这些组成部分为"身势语最小的单位描述",并把它们结合在一起组成身势语言(gesture language)。

总的来说,被试表达某种信息的姿势并不止一种,即同一种信息可由不同的身势表达出来,但每一项信息的身势表达均有一种主要的形式;在身势的诠释方面,身势所表达的信息十分广泛,显示出某种程度的复杂性和不稳定性,但在研究中发现,被试对姿势信息的诠释均有一定的倾向性,而且,被试对身势信息诠释的准确性均比较高。

2. 时-空组织系统

准时到达预定的地方会面能表达对对方的尊重,从而为双方的交流创设良好的情境。面对面谈话,有助于产生亲密感。霍尔根据对时-空组织系统的研究,创立了人类空间统计学,即空间心理学(space psychology)。病房中的病友、火车上的旅伴,由于双方处在一种特殊的时-空关系中,往往会讲述某些关于自身的情况。不少社会心理学家已经开始对产生某些社会心理现象的时空问题产生了浓厚的兴趣。

3. 目光接触系统

目光接触(eye contact)即人们互动时的视线交叉,是一种被广泛应用的非语言交流形式。在沟通中,视线接触的作用是巨大而强烈的,往往能给人留下深刻的印象。目光接触可以帮助谈话双方言语同步,形成双向谈话。一般情况下,眼睛被认为能最明确地表达感情,有人将眼睛比作"心灵的窗户"。相爱者深情地注视着对方的眼睛,而仇恨者则怒目而视。越是喜欢一个人,就越容易和他目光接触,而与不喜欢的人的目光接触会极少。目光接触会加强相互作用的效果。阿盖尔(M. Argyle)的研究表明,在各种交谈情况下,相互注视约占31%,其余单向的注视约占68%,每次注视的平均时间约为3秒,但相互注意的时间约为1秒(Argyle,1973)。长时间的目光接触称为凝视,凝视会引起生理上和情绪上的紧张,人们会很快做出回避行为以减少紧张。

4. 辅助语言系统

音质、音幅、声调及言语中的停顿、附加的干咳、哭或笑等,都能强化信息的语意分量,具有强调、迷惑、引诱的功能。辅助语言可表达言语本身所不能表达的意思,在许多场合下需要利用辅助语言表达同一词语的不同意义。例如"谢谢"一词,可以感动地、喃喃地说出,表达真诚的谢意,也可以冷冷地、缓慢地吐出每一个字,表达埋怨或不耐烦。一般认为,表示气愤的声音特征是声大、音高、节奏不规则、发音清晰而短促;表示爱慕的声音特征是柔和、音低、慢速、均衡而微向上升的声调、有规则的节奏和含混的发音。通过注意一个人的说话音调,还可以辨别他是否在说谎,这是辅助语言研究的一个重要发现。研究表明,当一个人说谎时,他的平均音调比说真话时要高一些。

上述四种非语言符号系统,在人际沟通中起着十分重要的辅助作用,可以加强或减弱口头语言的力量。虽然非语言符号系统在人际沟通中起着很大作用,但是由于非语言符号系统的使用具有较大的不确定性,与沟通情境,以及沟通者的身份、年龄、性别、社会文化背景等因素密切相关,因此使用时必须与沟通的内容、条件、气氛与场合相联系。在现实生活中,语言符号系统和非语言符号系统是交织在一起的,两方面配合得越好,沟通越能取得良好的效果。

第五节 利他与亲社会行为

一、利他行为的定义

利他行为(altruism behavior)指人们自愿采取的帮助他人的行为,且预期不会得到任何形式的回报,只是觉得自己也许做了一件好事(Schroeder et al. ,1995)。依据此定义,一种行为是否是利他的,依赖于助人者的意图。一个陌生人冒着生命危险将一个伤者从即将爆炸的大楼里拖出来,然后没有留下自己的姓名消失在深夜里,不给伤者任何回报的机会,也不会告诉其他人,这种行为就是利他行为。

利他行为具有四个特征：①自愿性。利他行为必须是自觉自愿的，是自发的，而不是外界强迫的结果。②利他性。以有利于他人作为唯一目的。③无偿性。利他行为中不期望任何的外部酬赏，也不期望日后的报答。如果我帮助了你是为了今后能得到你的帮助，或者为了得到领导的表扬而帮助他人，这都不属于利他行为。这种无偿性仅仅限于个体不期待外部酬赏，利他行为中是可以存在内部酬赏的。所谓内部酬赏是指个人在帮助他人后的满足、自豪、愉快等内在体验，如个体在帮助他人后觉得心情舒畅等内在满足感。④损失性。利他行为会给利他者带来损失，如在精力、时间、金钱等方面会蒙受损失，甚至牺牲自己的生命。

二、亲社会行为的定义

亲社会行为(prosocial behavior)是一个更加广泛的概念(Batson et al.,2003)。它包括任何类型的帮助或想要帮助他人的行为，而不管助人者的动机是什么。一些亲社会行为是非利他的。例如，如果某人志愿为某个慈善团体工作，以便给自己的朋友留下良好的印象或增加求职的砝码，那他就并不是在做一件利他的事情。

我们日常生活中有大量亲社会行为的实例，甚至很小的孩子都会表现出帮助他人的能力。一个研究(Strayer et al.,1979)观察了游戏中3～5岁的学前儿童。一般情况下，每个儿童每小时表现出15次帮助他人的行为，包括给小朋友一个玩具，安慰伤心的伙伴或帮助老人。研究(Eisenberg et al.,1990)还发现，那些与他人分享、帮助或安慰小伙伴的儿童很受同伴的欢迎。在有关青少年的研究中，麦克奎尔(A. M. McGuire)让大学生描述自己帮助他人和得到他人帮助的情景。这些年轻人毫不费力就给出了72种不同类型的助人行为，包括偶然的帮助(例如，给别人指路、帮他人拾起掉落的东西)，实质性的帮助(例如，借给某人钱、让人搭乘自己的车或帮他人带包裹)，情感性帮助(例如,倾听某人诉说遇到的麻烦)以及紧急性的帮助(例如,送某人去医院的急诊室、帮忙将车子从沟里推出来)(McGuire,1994)。

亲社会行为会受到人际关系的类型的影响。比起那些我们不认识的人,我们是否会因为喜欢、社会责任、自我利益或同情心,而更多地帮助和关心那些我们认识的人呢?麦克奎尔通过研究发现,大学生更可能给自己的朋友而非陌生人以实质性和情感性的帮助。1990年,阿马托(P. Amato)在研究中让青少年描述他们帮助他人的情景,发现大多数情况下,他们都是向朋友和亲属提供帮助,仅有10%的帮助事件是指向完全陌生的人,而且给予陌生人的帮助通常都是偶然性的或自然发生的——给某人指路、帮一个人拾起掉落的东西,或在公共汽车上让座。相反,大多数对熟人的帮助都是有计划的,例如探望生病的朋友或帮朋友搬家。

三、亲社会行为的理论观点

我们对于亲社会行为的理解得益于几个主要的理论观点。第一个是决策理论,关注哪些因素会影响个体对何时有必要提供帮助的判断。同时还强调决策时对成本和收益的权衡考虑。第二个是学习理论,认为人们是在学习中学会帮助他人的,遵循强化和榜样的原则。第三个是进化理论,认为帮助他人的倾向是我们遗传基因的一部分,是进化过程中保留下来的,这一观点认为助人行为是一种由基因决定的人性,为解释助人行为的出现提供了一个有趣的视角。

(一)决策理论

当一个人决定为他人提供帮助并付诸行动时,帮助行为就会发生。在任何具体的情境中,给予帮助的决定都包含了复杂的社会认知和理性决策过程(Latané et al., 1970)。图4-5给出了决策的步骤。一个人必须首先注意到有事件发生,才能决定是否需要提供帮助。其次,如果需要提供帮助,就需要确定自己的责任范围。再次,要评估给予帮助和不给予帮助的成本和收益。最后,必须决定什么样的帮助是需要的,以及怎样提供帮助。让我们详细地讨论每一个步骤。

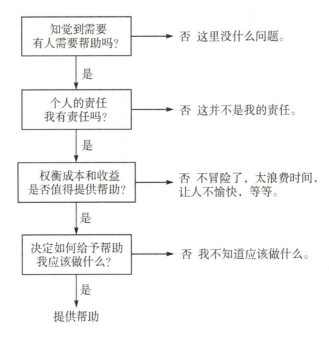

图 4-5 决策步骤

1. 知觉到需要

凌晨两点,一声凄厉的尖叫撕破夜空。你被吓醒了,一个女人在喊叫:"住手,让我走!"你还听到一个男人愤怒的声音,但是没有听清他到底说了些什么。发生什么事了?仅仅是一对恋人的争吵,还是一起严重的暴力攻击?这是否是一件需要干预的紧急事件?

任何亲社会行为的第一步,关键是注意到有事情发生并且决定是否需要提供帮助。有时需要很明确:一个儿童在踢足球时头部受伤,需要紧急送往医院包扎。但是在有些情境下,例如深夜听到尖叫,是否需要提供帮助是很难确定的。不确定性是人们有时没能提供帮助的主要原因之一。一项研究(Clark et al.,1972)发现,当学生们感知到明确的紧急事件时——一个维修工从楼梯上摔下来,痛苦地呻吟着——所有人都会给予帮助。在另外一种情况下,当学生们感知到一个模糊的事件时——听到人跌落的声音,但没有明确的线索说明有人受了伤——仅仅30%的学生会给予帮助。

人们使用什么样的线索判断紧急事件是否发生呢?有研究(Shotland et al.,1979)确定了五种重要的特征,认为应使用这五种特征来确定事件是否紧急:①某件事突然地、出乎意料地发生;②对受害者存在明显伤害;③如果没有他人干预,对受害者的伤害会持续下去;④受害者很无助,需要外界的帮助;⑤某种有效的干预是可能的。

大多数人认为这些事件属于紧急事件:心脏病突发、强奸、车祸且司机受伤。而另一些事件人们不太确定是否属于紧急事件:电力中断、一个朋友说他非常痛苦和沮丧,或者一辆受损的车停在路边。

对于情境的解释或定义对于我们是否会提供帮助是一个非常关键的因素。研究(Shotland et al.,1976)发现,对于一个打架情境,人们的反应是有很大差别的,这依赖于人们知觉到的情境是一对恋人在争吵还是两位陌生人在争吵。在这个研究中,学生晚上单独到心理学系填写一份态度问卷。当他们一个人填写时,突然听到走廊里传来大声的争吵(争吵者实际是由学生扮演的)。一个女生叫喊着,并不断请求那个男人"放开我,放开我!"在"婚姻"条件下,这个女生会喊道:"我不知道我为什么会嫁给你。"仅仅有19%的学生会干预。而在"陌生人"条件下,这个女生会大声喊"我不认识你",65%的被试会直接干预或报警。尽管争吵的特征所有方面都是相似的,但被试认为在"陌生人"条件下,情况更严重。

在真实生活的争吵中,如果争吵者之间的关系不明确,旁观者可能会假设是一对恋人在吵架,由此作出不干预的决定。这意味着有时候没有提供帮助是由于对情境的误解,而并非不愿意提供帮助。

2. 个人的责任

决策的第二步是考虑个人的责任。请看下面的情境:你在海边,正躺着晒太阳。一个女人在你身边铺开她的小毯子,并把她随身携带的收音机放在旁边的岩石上。过了几分钟,她把收音机放在毯子上就去游泳了。过了很久,一个男人走过来,看到了收音机,迅速地拿起来走掉了。你会怎样做? 很可能你不会试图阻止小偷,你会告诉自己,这不是我的责任。

在实验中模拟上述情境,发现仅仅有20%的人会阻止小偷并要求其进行解释。但是在第二种条件下,收音机的主人事先与挨在一起晒太阳的人有所接触,并且请求那个人在她去游泳的时候帮忙看管她的东西。同意帮忙的人,有95%的人随后会在偷盗发生时阻止小偷。当人们感觉到存在个人责任时,他们更可能提供帮助。

专栏4-6 不请客就捣蛋:个人责任与亲社会行为

一个关于个人责任的证明来源于一个巧妙的现场研究(Maruyama et al.,1982)。万圣节时,一群孩子来到一所大房子,玩"不请客就捣乱"的游戏(一种万圣节常玩的让人给糖果的游戏,威胁如果不给糖果就会捣乱),让孩子们为患病的儿童捐献糖果。实验设计了三种实验条件来操纵儿童对责任的感知。第一种条件:一位女士通过在孩子们捐献的糖果的袋子上缀上捐献者的名字,以此来强化每个孩子捐献糖果的责任;第二种条件:这位女士让一个孩子为全体负责;第三种条件:没有一个孩子有责任。责任水平的不同会对儿童捐献糖果的数量有明显的影响。当每个孩子个人负责任的时候,平均每人捐献5个糖果;如果一个孩子为全体负责,平均每人捐献3个糖果;当没有人负责的条件下,每人平均捐献糖果的数量仅为2个。

另外一个影响责任知觉的因素是能力。如果我们有能力提供有效的帮助,我们就会有更多的责任感。在一个研究(Clark et al.,1974)中,被试看到一个人(实际是研究者)由于操作设备而被电击导致晕倒。如果被试受过正规的操作电子设备的培训或有这方面的经

验,90%的被试都会给予帮助;而没有这方面能力的人,只有58%的人会提供帮助。

3. 权衡成本和收益

决策理论认为,人们会考虑到一种特定行为(包括帮助他人)潜在的所得和损失(Dovidio et al.,1991)。如果一个人帮助他人的收益(所得减去成本)大于不帮助的收益,他就会表现出亲社会行为。

有时帮助他人相对容易;有时帮助行为需要在时间、精力和其他方面付出相当的成本。告诉一个路人"现在几点了"不需要付出什么努力;帮助一个在高速公路上束手无策的汽车司机就需要付出更多的时间。在这两种情境下,成本部分地依赖于个体是否知觉到不便或对自身安全的可能威胁。需要帮助者看起来值得信任吗?或者自己是否有可能会被抢劫?知觉到的成本越高,给予帮助的可能性越低。给予帮助的收益也会影响我们的决策。得到的收益越多,就越可能给予帮助。被帮助者越值得帮助,助人者越有能力提供帮助,给予帮助后的感觉就越好。对不给予帮助后果的考虑也是非常重要的,包括可能的成本。如没有帮助一个需要帮助的人可能会使自己感到愧疚;其他人可能看到自己没有提供帮助,对自己形成不好的印象。当事人可能会有一个普遍性的价值观念:在自己能够提供帮助的情况下应当给予帮助。因此当自己没有帮助他人时,便没能达到自己的道德标准。对这些问题的考虑会影响当事人是否提供帮助。

一些研究者(Dovidio et al.,1991)曾经检验了助人行为的模型,发现至少在部分情境下,成本-收益考虑确实会影响助人行为。

4. 决定如何给予帮助

决策过程的最后一步是决定给予什么类型的帮助并采取行动。如果有人在你家门外打架,你是会直接出去劝架,还是打电话报警?你会直接帮助一个昏迷的车祸伤者还是叫救护车?在紧急情况下,通常在巨大的压力下,很急迫地作决定,有时甚至会有个人危险。直接给予干预的助人者并不总是能给予有效的帮助,可能会出错。

决策理论强调为什么人们不提供帮助。他们不是没有注意到问题存在,也不是认为问题微不足道。可能是他们认识到帮助的需要,但不认为自己有提供帮助的责任;可能是他们认为给予帮助的成本太高;可能是他们想要提供帮助但却缺乏相应的能力;也可能是他们正在犹豫,无法作出判断。

(二)学习理论

学习理论强调学习对于帮助的重要性。在成长的过程中,儿童被教育要与他人分享并帮助他人。他们或许会记得由于帮助别人而受到表扬,或者因应该给予帮助而没有提供帮助而受到责备。人们通过强化(奖励帮助行为)来促进帮助行为的发生,亦通过模范的作用(观察学习)来促进帮助行为的发生。

1. 强化

研究表明,当儿童的亲社会行为得到奖赏时,他们更倾向于帮助他人和与他人分享。有研究发现,4岁的儿童,如果他们由于慷慨行为而得到泡泡糖奖励时,他们就会更愿意和其他小朋友分享弹珠玩具。日常生活中,父母和教师更愿意用赞扬而非泡泡糖来奖励那些帮助他人的儿童。研究表明,某些形式的赞扬比其他形式更有效。

一项研究(Mills et al.,1989)设置情境,让8岁和9岁的儿童玩一种游戏,赢的话可以得到筹码换取玩具。在研究的最初阶段,研究者鼓励儿童与那些还没有得到玩具的孩子分享他们的筹码。随着实验的进行,所有的儿童都曾把筹码与其他孩子分享,这时给予儿童两种类型的赞扬。在人格倾向赞扬条件下,实验室强调儿童的人格特征:"我猜你是那种愿意帮助他人的孩子。是的,你是一个非常好、爱帮助人的孩子。"在一般性赞扬条件下,实验者强调的儿童的行为而非人格:"你把自己的筹码分给没有玩具的小朋友,这很好。是的,这是非常好的帮助他人的行为。"然后让儿童再次玩游戏,并告诉他们:

"如果愿意,你们可以把自己的筹码与没有玩具的孩子分享,但并不是非得这样做。"获得人格倾向赞扬的儿童显著地比那些获得一般性赞扬的或没有得到赞扬的儿童更愿意与他人分享自己的筹码。人格倾向的赞扬比一般性赞扬更有效,可能是由于人格倾向赞扬鼓励儿童将自己看作应该持续给予他人帮助的那类人。

2. 观察学习

观察亲社会行为的榜样亦促进帮助行为的发生,这可以从对儿童电视节目的研究窥见一斑。例如,一个研究(Sprafkin et al.,1975)揭示了一年级儿童对不同故事情节的反应。有一个很受儿童欢迎的电视节目,讲述的是一位狗妈妈的故事。研究设立的亲社会行为条件是:在故事的高潮阶段,小狗掉进了一个矿井里,狗妈妈无力独自救小狗,她叫来了小主人和小主人的爷爷。小主人冒着危险悬挂在井口去救小狗。研究设立的中立条件是:小主人不想去上小提琴课,所以才来救小狗,尽管狗妈妈仍被塑造成一个积极形象。儿童单独观看了这个电视节目,然后给予他们机会去帮助一些小狗,但帮助的代价是必须放弃个人的一些利益。观看亲社会行为条件电视节目的儿童显著地比看中立条件电视节目的儿童更爱帮助他人。

其他一些研究检验了榜样和强化作用的混合影响。在一个研究(Rushton et al.,1978)中,通过一位乐于助人的成人榜样作用使得男孩子把自己在保龄球比赛中赢得的纪念品送给了一个叫博比的孤儿。然后成人对儿童的行为进行奖励("好孩子,你太好了")或批评("你真够傻的,把东西给了博比")。当然还有一个非强化条件,成人什么都没有说。在接下来的实验中,获得奖励的儿童给了博比更多的纪念品,远超过受到批评的儿童。两周后,儿童重新玩同样的游戏,两周前对儿童的奖励或惩罚仍然对儿童给博比纪念品的数量产生影响。本研究中,无论是即时的测验,还是两周后的测验,给儿童其他的机会帮助博比,都是受到奖励的儿童提供的帮助比受到批评的儿童提供的帮助多。

成人也会因助人榜样而受到影响。一项关于献血者的研究（Rushton et al.,1977）清晰表明了这一点。在这个实验中,作为社会互动研究的一部分,女大学生首先和一位友好的女士（实际是一位实验协助者）谈话。在研究者的安排下,两位女士离开互动研究时,经过一张搁在走廊里的桌子,期间有工作人员希望有人能捐献血液。半数情况下,实验协助者会立即给予志愿捐献,塑造出亲社会行为的榜样。榜样行为的影响是显著的。是否看到实验协助者（榜样）的捐献行为会影响到被试随后的行为。在有榜样的条件下,67%的被试签名答应捐献血液,在没有榜样的条件下,只有25%的被试愿意捐献。在其他不同的情境下,研究者也发现了榜样作用的相似证据。

总之,关于强化和榜样对亲社会行为的影响,以上这些和其他的一些研究提供了令人信服的证据。成长中,人们养成助人的习惯并且学到了一些关于谁应该得到帮助,什么时候应该给予帮助的规则。对于儿童来说,亲社会行为可能更多地依赖于外界的奖赏和社会赞扬,但是当我们长大后,助人行为可以变成一种内化的价值观。

（三）进化理论

科学家很早以前就观察到一些动物物种会有亲社会行为。达尔文（C. R. Darwin）指出,大鼠会用后爪制造出声音来警告其他大鼠有敌人存在。有些狒狒对威胁有特殊的反应模式：成年有力的雄狒狒在外围保护群体,有时甚至会突袭入侵者；当群体转移时,雄狒狒也会冒着生命危险留在队伍的后面,保护群体中的其他个体。还有研究发现,海豚救助受伤的同伴时会有令人惊奇的行为。由于海豚是用肺呼吸的,因此它们不能长时间沉入水中,如果一个受伤的海豚沉入海中,它就会死亡。有观察者报告说,海豚会救助受伤的同伴。有一种情景是,一只海豚被水里的炸弹击晕。另外两只海豚会一直驮着它,让它漂浮在水面,直到它苏醒过来能自己照顾自己。不少动物在孩子受到威胁时,父母都会牺牲自己来保护自己的孩子。一个感人的例子是母夜鹰,为了保护她的孩子免受潜在的袭击,她会装作翅膀受伤飞离鸟巢,跌跌撞撞地低飞,最后停在袭击者面前,但远离自己巢穴。

这些动物中存在的利他行为给进化理论家提出了一个问题:如果一个物种中最爱助人的群体为了他人牺牲自己,他自身存活的可能性就会降低,通过生育子女的方式使基因传递给下一代的可能性也会比较低。那么利他行为的生物天性如何在人与动物间延续下去呢?进化心理学曾试图解决这一矛盾(Wilson, 1975)。简单而言,任何由基因决定的具有高度生存价值(可以帮助个体存活)的特征倾向于被传递给下一代。对于个体的基因来讲,这种利他的倾向可能具有高度的生存价值,但这种生存价值并不是针对个体本身而言。试想一下,一只雄鸟有6只小鸟,每只小鸟有一半的基因来源于父亲,加起来,6只小鸟总共遗传了3份父亲的基因。如果父亲牺牲自己来保护小鸟,他特殊的基因库就已经得到了复制。帮助血缘关系较近的亲属可以增加个体自身基因在子孙后代中的存活率,这是进化生物学的基本原则。

进一步的假设是,母亲通常比父亲更多地帮助后代。其原因是在一些物种中,雄性拥有繁殖大量后代的生物学基础,所以不需要对任何一个后代投入太多,也可以使自己的基因永恒不灭。雌性则只能繁殖出相对较小数目的后代,所以必须帮助每一个后代以保证自己基因的传递。认为助人行为是一种由基因决定的观点饱受争议,这种理论如何应用于人类仍然是个需要讨论的问题(Caporael et al., 1991)。但是,进化理论提出了一个十分有趣的可能性,即自我保护并不是像我们通常所认为的那样是一个压倒一切的优势动机。

思考题

1. 如何理解人际关系及其作用？

2. 你认为本章中哪个理论对人际关系的解释更具说服力，为什么？

3. 有利于人际吸引力提升的因素有哪些，你打算如何提升自己的人际吸引力？

4. 结合旁观者效应，说明利他行为产生的过程与条件。

拓展阅读

第五章 社会认知与归因

人的社会行为存在和发生于人与人的互相影响和互相作用之中,是指向他人的,也是对他人行为的反应,它包括人的内在心理过程和外显行为活动两大部分。因此,人的社会行为首先涉及对他人及其行为的感知和认识。社会认知是人的社会行为的基础,社会认知研究直接涉及"个体如何主动地创造自己行动的框架"。

第一节 社会认知概述

一、社会认知的概念及特征

(一)社会认知的概念

社会认知(social cognition),又称社会知觉(social perception),是人们通过组织、加工和提取环境中的信息来形成对自己、他人与群体的印象,预测与判断自己、他人与群体的行为意向与动机,解释社会行为与事件因果关系的过程。

社会认知是包括感知、判断、推测和评价在内的社会心理活动,不仅仅局限或等同于其中的某一过程。正如对物的认识一样,对人的认识也是通过不同的活动过程来进行的。对人的知觉、印象、判断以及对人的外显行为活动原因的推测和评价,是社会认知活动需要经历的几个主要过程,它们互相联系组成了完整的社会认知活动。

(二)社会认知的特征

1. 选择性

每个认知主体都有自己独特的知识经验、认知结构、价值取向、目的动机和兴趣爱好等,因此,对于同样和同量的刺激,个人的反应是不一样的。如荷兰眼镜师傅李波尔偶尔发现两个镜片重叠能望见远物,但由于他缺乏光学知识,对天文知识一窍不通,不能认识这一意外发现的道理及背后的科学价值,就只能凭有限的经验做成玩具望远镜。而物理学家伽利略则认识到这个发现在天文学上的重大意义,很快就研制了可以放大更多倍的望远镜,随后再经过数代科学家的探索,天文望远镜把人类的视野扩大到宇宙的许多未知领域,发现了许多新现象和新事实。

2. 互动性

社会认知双方是对等的主体,认知双方相互影响。自证预言就是认知双方相互影响的体现。在人际交往中,个体对他人产生一个预期,这种预期会影响个体对待他人的方式,而这种对待方式又会导致他人的行为与个体最初的预期相一致,使得预期成为现实,社会心理学称这种现象为自证预言。

3. 防御性

个体为了适应社会,维持自我完整,会运用认知机制抑制某些刺激的作用,以达到防御的目的。如个体会对不利于自己的信息视而不见,或加以歪曲。

4. 完形性

个体倾向于将所获取的信息系统化、规则化,以形成完整的印象,即社会认知的完形性。例如,当我们看到一个人似乎既是好的又是坏的,既诚实又虚伪,既热情又冷酷的时候,便觉得不可思议,认为自己还没有完全认识这个人。个体一方面会加强探求信息的欲望和动力,寻求更多的信息;另一方面,可能向幻想化的方向发展,即利用想当然的办法给认知对象添补细节,使认知带有浓厚的主观色彩。

二、影响社会认知的因素

(一)认知对象的特点

由于认知对象本身的特点不同,因此认知结果也有所不同。认知对象对于认知者所具有的价值及其社会意义的大小,会影响人们的认知结果,布鲁纳(Bruner,1947)的货币实验证明了这一点。

> 布鲁纳做了一个有名的货币实验,实验材料有一套包括1美分、5美分、10美分、25美分、50美分等大小不同的圆形硬币,还有一套与硬币大小形状相同的硬纸片。实验对象是30个家庭贫富状况不同的10岁孩子。实验程序如下:先把两套材料先后投射到银幕上,让被试依次观看,然后移去刺激物,令被试画出刚才看到的硬币与圆形纸片。结果被试画出来的图形和实际看到的刺激物不完全相同,他们画的硬纸图形与实际的硬纸图形大小较一致,但所画的硬币圆形却较他们看到的真实硬币较大,尤其是贫困家庭的孩子所画的硬币圆形更大。

布鲁纳的实验结果表明:由于刺激物的社会意义不同,因此被试画出来的刺激物图形大小和实际看到的刺激物不完全相同。这就是由于认知对象本身的社会意义不同而影响了人们的认知结果。

在生活中,那些特点明显的人,如身材特高或特矮的人,衣着华丽或衣着邋遢的人,都能被优先认知。

(二)认知者的心理特点

认知者已有的经验、需要和人格特征等心理特点不同,对同一认知对象的认知结果也会不同。巴克拜(J. S. Bagby)的双眼竞争实验说明了心理特点对认知的作用(Bagby,1957)。

> 巴克拜以美国人与西班牙人作为被试,利用双筒立体镜同时展示西班牙人更熟悉的斗牛画面和美国人更熟悉的棒球比赛画面。被试在15秒后描述看到的画面,认知结果却大不相同。被试中的美国人84%说先看到了棒球比赛,而被试中的西班牙人70%说先看到了斗牛。

(三)认知的情境

在社会认知中,认知情境也具有重要作用。有学者(张德,1990)请两组大学生分别观看同一个人处于不同情境中的两张照片,一张照片的背景是学校校园,另一张照片的背景与监狱中的铁栅栏类似,然后请大学生对照片中的人物任意用一个形容词来描述。以校园为背景的照片中的主人公被描述为"善良的""和蔼的""乐观的""亲切的"为等等;以铁栅栏为背景的照片中的主人公被描述为"阴险的""冷漠的""无情的""抑郁的",等等。虽然他们确实是同一个人。

社会情境之所以发生主要作用,是因为人们特定的行为会被特定的情境所制约。

第二节 社会认知的基本内容

社会认知的基本内容包括对社会世界的认知、对自我的认知和对他人的认知三个方面。

一、对社会世界的认知

个体通过脑海中的图式来思考和认知社会世界。当我们在学校食堂就餐后,会将餐盘送到指定地点,而不是吃罢一走了之,因为我们的心理"剧本"告诉我们这不是外面的餐厅,在学校食堂就餐必须如此。在这里,我们重点讲解如何运用图式认知社会世界。

(一)图式的概念及其分类

图式是个体在认知某一事物时脑海中已有的一个解释框架或心理模板,这个解释框架或心理模板是关于某一事物的一组结构化的认知。

心理学家根据图式的不同内涵,对图式做了如下分类:

(1)个人图式,指人们心目中对特定对象的典型认知模式。如人们脑海中诸葛亮的个人图式一般为足智多谋、神机妙算和鞠躬尽瘁等。

(2)自我图式,指个体在自我认知时的解释框架或心理模板。如个体认为自己是独立的、有同情心的以及乐于助人的。

(3)团体图式,指人们对某个特殊团体的认知模式,也叫刻板印象。团体图式使得人们将某些特质归于一个特殊团体的成员所共有,例如,人们常常认为犹太人聪明而吝啬、法国人浪漫、德国人严肃而刻板。

(4)角色图式,指人们对特殊角色的认知模式。比如人们常常认为教授知识渊博等。

(5)社会事件图式,指人们对某类社会事件的内容和过程等的认知模式。例如,过春节的图式包括除尘、贴对联、放鞭炮、吃年夜饭、拜年等。

(二)图式在认知中的作用

1.选择认知信息

个体在认知社会世界时,会通过脑海中已有的图式选择认知信息。通常那些与人们大脑中已有图式一致的信息或者极度不一致的信息更容易进入人们的意识,个体大脑中若没有某一事物的相关图式,这些事物即使呈现在面前,也很难成为人们的认知对象。个体大脑中的认知图式规定着人类视野的阔与狭、眼界的深与浅,决定着个体对事物的态度。

2. 解释信息和预测未来

图式告诉我们特定领域中信息之间的相关性,这有助于我们理解和解释模糊环境,并对未来作出预测。例如,儿科医生将一名儿童诊断为流行性腮腺炎,这个儿科医生就能够解释和推断儿童患病后的症状、疾病的发展趋势,以及如何治疗,等等。

3. 提供某些事实,补充原来的知识体系

如当我们阅读一个有关医生的故事时,虽然故事并没有描写他穿的衣服,但根据医生的图式,我们会认为他穿着白大褂。

(三)自动化思维和控制性思维

我们在熟悉的情境或者是无关紧要的情境下,通常启动基于图式的自动化思维系统。而在遇到紧急情况或者重要问题时,则开启需要深思熟虑的控制性思维系统。自动化思维是指无意识、不带意图目的、自然而然的,并且不需要努力的思维。当我们遇到陌生人时,会自动将其归类,比如他是男性。这就是基于图式的自动化思维。控制性思维是指有意识、有目的、需要花时间和精力的思维。当我们要做一道复杂的数学题时,就要静下心来,苦思冥想,这个时候启动的就是控制性思维,它反应慢,耗费精力,但是非常有利于逻辑推理。

为什么我们的大脑要在这两套思维系统中切换呢?从人体结构来说,大脑占身体总重量的2%~3%,但是耗能却占人体总耗能的20%,尤其是在进行控制性思维的时候,大脑更是会耗费大量能量。你可以轻松地看一天电影,晚上也不觉得疲惫;但是如果让你做一天高难度的数学题,恐怕你会精疲力竭。一个人的精力是有限的,我们的大脑每天要接收海量的信息,如果每一个信息进入大脑后,都要通过控制性思维系统慢慢处理,那人类大脑的寿命会非常短暂,这极其不利于人类的生存繁衍。因此,在长期的进化中,大脑发展出一套节能模式,如果接收的信息是熟悉的场景,或者无足轻重,那么就参照

以往的模式进行自动化处理,只有在遇到陌生的情境或者是重要的事情时,控制性系统才会启动。

(四)社会刻板印象

在人际交往过程中,人们没有时间和精力去了解某个群体的所有成员,因此,人们只能由"部分推知全体",形成对某个群体的认知,这就会形成社会刻板印象。社会刻板印象是指社会上对于某一类群体产生的一种比较固定的、概括而笼统的看法和印象。

社会刻板印象普遍地存在于人们的意识之中。如人们对性别普遍存有刻板印象。人们通常认为机器人是男孩子的玩具,而洋娃娃是女孩子的玩具;勇敢刚毅、果断坚强、积极进取是男性的特征,而温柔优雅、体贴善良和干净整洁是女性的特征;提到司机和科学家,人们通常想到是男性,而提到护士、幼儿园教师,人们通常想到是女性。人们不仅仅对曾经接触过的人具有刻板印象,即使是从未见过面的人,也会根据间接的资料与信息产生刻板印象。例如,人们对于不同国家的公民,通常会有一套比较固定的、概括而笼统的看法。社会心理学家卡茨(D. Katz)等调查了美国普林斯顿大学的大学生对各个国家、各个种族的成员所具有的刻板印象,发现这些大学生对各国国民及民族的看法颇为一致(Katz et al.,1933)。

1. 社会刻板印象形成的途径

社会刻板印象的形成主要通过两种途径:一是直接途径,即个体的自身经验;二是间接途径,即个体的社会学习。

个人的自身经验是社会刻板印象形成的直接途径。当个体第一次与某个群体接触时,他们与一两个成员的互动就构成了社会刻板印象的基础,即使个体与该群体中更多的成员互动,但是互动结果仍会受最初印象的影响。此外,一个群体的社会角色往往会限制认知主体能看到的行为。因为一个群体所承担的社会角色往往决定了该群体成员的行为,如医生就要救死扶伤,军人就要保家卫国,律师就要伸张正义。这样，人们就会把群体成员在一定情境（工作场合）中与其社会角色相应的行为当作他们真实的内在品质，从而形成社会刻板印象。

个体的经历是有限的，所以个体的社会刻板印象更多是通过社会学习而形成的，即个体习得了父母、教师、教材、同辈群体和大众媒体所传递的态度和观点，形成社会刻板印象。

2. 社会刻板印象的作用

社会刻板印象对社会认知既有积极作用，也有消极作用。

人类的大脑对认知资源的分配和使用极为吝啬，这是人类在长期进化过程中塑造的认知机制。个体为了节省认知资源，总是尽可能简化认知过程。社会刻板印象能够简化并加速对认知对象的认知，使认知主体迅速获得关于认知对象的概念，形成印象，因而具有社会适应的意义。社会刻板印象能帮助人们认识客体、作出判断、理解事故，并进行其他活动，它能使人们有效地对待广大而复杂的世界向人类提出的信息加工要求，帮助人类对群体进行抽取和归类。社会刻板印象常常在社会认知中发挥作用，特别是当面对一个陌生人时，刻板印象几乎是必需的，它节省人们的精力，避免人们陷入"信息之海"。

社会刻板印象也有显著的消极作用。社会刻板印象虽然能帮助认知主体节省认知资源，快速形成认知，但社会刻板印象毕竟只是一种概括而笼统的看法，并不能代替个体的真实情况，因而通过社会刻板印象所形成的认知经常会导致以偏概全的错误。社会刻板印象使人们过度简化或过度夸大群体特征而忽略同一群体中的个体差异，导致歧视和偏见的产生。在社会中常见的地域偏见、性别偏见和种族偏见都是因社会刻板印象而产生的。

二、对自我的认知

我国有句古话：知人者智，自知者明；在古希腊德尔菲神庙门楣上镌刻着这样一个神谕——"人啊！认识你自己"；古希腊思想家苏格拉底将"认识你自己"作为自己哲学原则的起点。可见，认识自己非常重要，但是认识自己也是一件困难的事情。认识自己，顾名思义，就是要学会自知，了解自己是谁。

(一) 自我概念

我的重要特征是什么？我擅长什么？我不擅长什么？我喜欢什么情境？我回避什么情境？我认为自己将来会成为著名的心理学教授，小杨认为自己将来会成为足球健将，小林认为自己将来会是一名优秀的外科医生。个体持有的关于自己的信念的集合就是自我概念。

(二) 自我图式

自我图式是个体在自我认知时的解释框架或心理模板。如个体认为自己是独立的、健康的、聪明的、善良的。自我图式是自我概念的核心部分。

自我图式具有以下两方面的作用。首先，人们按照自我图式选择、加工和整合信息，形成社会认知。研究证实了自我图式对个体组织记忆内容方面具有积极作用，这种现象被称之为自我参照效应(self–reference effect)，即人们在加工与处理和自己有关的信息时效率更高，记忆效果更好(Higgins et al., 1987)。人们在学习新东西的时候，常常会将这些东西与自己联系起来。如果学到的东西与自身关系密切，学习的时候就有动力，而且不容易忘记。但是另一方面，这种效应也有其不利影响。比如医学专业的学生常常碰到这种情况，每当老师介绍一种病症的时候，学生总免不了会先想到自己是否出现过类似的症状，如果不巧有两三点看似符合，就开始惊慌，怀疑自己是否已经病入膏肓。其次，人们按照自我图式对自己进行规范和管理。个体一旦在自己心目中形成一定的自我图式，就会用此图式来解释、指导和管理自己在日常生活中的行为表现。如果个体认为独立对自己很重要，并且认为自己非常独立，那么，当电脑出现故障时，个体就更可能自己上网查找维修方法，而不是找朋友帮忙。

(三) 自尊

自尊是个体对自己的评价，即个体对自己是否满意。在心理学家看来，拥有自尊是人格成熟的重要标志。确立自尊有两种途径，一方面是让个体有成功的经验，另一方面是让他人对自己有积极的评价。

社会心理学家总结了个体提升和维护自尊的方法：通过自我美化去解释生活，用自我妨碍的策略为失败找借口。自我美化是指个体以一种有利于对自己作出积极评价的方式加工与自我相关的信息。个体通过自我美化，使他人对自己有一个较高的评价从而有助于个体自尊的建立和提升。当个体在解释自己的功败垂成时，会进行自我美化。大量社会心理学的实验表明，当个体得知自己成功后，一般会将其归因于自己的才能和努力；而在面对失败时，个体一般会将失败的原因归于诸如"运气不佳""问题本身无法解决"等这样的外部因素。如当公司利润增加时，管理者会将这个额外的收益归功于自己的管理能力，而当利润开始下滑时则会将之归因于经济不景气。当个体表现不佳时，为了维护自尊，个体会认为大多数人都会这样，社会心理学将这种现象称为虚假普遍性。而当个体表现突出时，为了提升自尊，个体又会认为自己有超乎寻常的能力，社会心理学将这种现象称为虚假独特性。当个体与他人比较时，往往会进行自我美化。在很多情况下，人们认为自己比别人要好一些。例如，已婚人士通常认为自己在照顾孩子、打扫卫生方面所承担的责任要比配偶多；妻子们对自己所承担家务比例的估计要高于丈夫对她们的评估。在对未来的预期方面,大多数人都会自我美化。坐车不系安全带的人总认为意外离自己很远。

自我妨碍是指人们通过设置障碍来阻挠自己获得成功。这种行为并不是真的故意搞破坏,而恰恰是为了保护自我、维护自尊。自我妨碍有利于人们把失败归因于暂时的或外在的因素,如我昨天晚上熬得太晚了,我生病了,我没有好好复习,而非自己的天赋或能力的匮乏,从而可以保护自己的自尊和公众形象。社会心理学家在一个关于"药丸和智力测验"的实验中证实了自我妨碍现象。大家可以想象自己是一名大学生被试,你通过猜测答出了一些智力难题,然后被告知:"您是目前为止的最高分"!当你还在对测试结果将信将疑时,实验人员给你拿出两种药丸,要求你必须服用其中的一种,才能继续下面的题目。一种药丸有助于你的智力活动,另一种则会干扰你的智力活动。你会选择哪种药丸呢?实验结果表明,多数学生选择第二种干扰智力的药丸,以便为不久可能出现的糟糕成绩寻找借口。

(四)影响自我认知的社会因素

通常人们会从角色、身份、社会比较、自尊、他人的评价及文化六个方面来进行自我认知。

其一,角色。人们通常会以自己扮演的角色来进行自我认知。我是大学生,我是医生,我是一个两岁孩子的妈妈……这些是我们扮演的社会角色。

其二,身份。在进行自我认知时,我们不但关注自己是谁,还关注不是谁,尤其是当自己与所处群体中的主流社会身份不一致时,就会强烈意识到自己的与众不同。例如,当你在异国他乡时,就会意识到自己是中国人;当你与基督教徒在一起时,就会意识到自己是无神论者;当你与一群文科生在一起,就会意识到自己是一个理科生。

其三,社会比较。在自我认知的时候,人们会进行社会比较。周围的人会帮人们确立或富有或贫穷、或高大或矮小的标准,我是学霸或是学渣,这些都是人们把自己和周围的人进行比较后对自己的定位。社会比较可以解释那些高中时代在学业上非常自信的学生,考入重点大学之后为什么往往很不适应,甚至自信心下降。这是因为他的参照群体发生了变化。

其四,自尊。个体经历的成功与失败会影响自我认知。事业上成功的人会对自己的能力作出更高的评价,从而激励其更加努力工作以取得更大的成就。相反,事业上屡遭失败的人会认为自己一无是处,甚至会自暴自弃。大量的研究证实了成功能够增强自尊。与低自尊的人相比,感觉自己有价值的高自尊人群更加快乐,较少神经质,较少受溃疡和失眠的困扰,较少依赖药物和酒精,在失败后表现出更强的坚持性。所以,一个人自尊的构建,不仅仅来自给予他很棒很优秀的评价,更重要的是让个体通过努力而获得成功。

其五,他人的评价。他人对自己的评价、态度等,是反映自我的一面"镜子",个人通过这面"镜子"认识和把握自我。如果周围的人都说某人很聪明,那么他也会认为自己很聪明。如果周围的人都说某个女孩长得很漂亮,她也倾向于认为自己是个美女。

其六,文化。个人所处的文化环境也是影响自我认知的重要因素。文化就像空气一样无处不在,每个人都生活在特定的文化中,个体对自我的认知离不开特定文化的影响。

专栏 5-1 为什么人们常高估别人对自己的关注程度?
——焦点效应和透明度错觉

为什么人们常高估别人对自己的关注程度?焦点效应(spotlight effect)意味着人类往往会把自己看作一切的中心,并且高估别人对自己的关注程度。

在一项实验中,即使被试的衣着令人尴尬,也只有23%的观察者会注意到,此数值远低于学生所猜测的班上大约一半的同学会注意到(Gilovich et al., 1998)。伴随另类的服装和糟糕的发型出现的现象,同样也会发生在其他方面。实际注意到我们的人比我们认为要少。人们总能敏锐地觉察到自己的情绪,于是就常常出现透明度错觉(illusion of transparency)。人们认为,如果意识到自己很快乐,脸上就会清楚地表现出这种快乐,别人会注意到。事实上,我们的表现可能比自己意识到的还要模糊不清。同样,我们也会高估自己的社交失误和公众心理疏忽(public mental slips)的显著性。如果我们不小心按到了图书馆的警铃,或者无意冒犯了别人,我们可能非常懊恼("大家都以为我是一个怪人")。但是研究发现,我们的这些烦恼,别人经常注意不到,即使注意到也可能很快就会忘记(Savitsky et al., 2003)。

研究结果表明,人们总是高估他们内在状态外露的程度(Savitsky et al., 2001)。

许多人在公开场合发表演说时,会认为自己看起来不仅紧张而且焦虑。如果他们感觉演讲过程中自己的膝盖和手都在颤抖,他们就会认为其他人也注意到了这些,发现他们当时很焦虑。研究者想验证"透明度错觉"。他们邀请了四十名康奈尔大学的学生来到实验室,两人一组做实验。其中一个站在台上,另一个坐在对面,由研究者给出一个话题,诸如"今天最好和最坏的事情"之类,让台上的学生讲三分钟。然后两人交换位置,由另一个学生就另一个不同的话题即兴演讲三分钟。之后,他们各自对自己和他人的紧张程度作出评定(从0到10分,0表示一点也不紧张,10分表示非常紧张)。结果表明,人们认为自己(平均6.65分)比他们的搭档看起来(5.25分)更紧张,而且这一差异已经达到了统计上的显著性。

三、对他人的认知

当我们刚刚认识一个人时,总是要根据有限的信息形成对这个人的印象,即这个人是热情的还是冷淡的,是文雅的还是粗鲁的,等等,这个过程就是对他人的认知。

(一)第一印象决定双方关系的走向

第一印象(或初次印象)(first impression)指两个素不相识的人第一次见面所形成的印象。第一印象主要是获得对方的表情、姿态、身材、仪表、年龄和服装等方面的印象,这种初次印象在对他人的认知中发生重要的作用,它往往是以后能否持续交往的依据。

第一印象对认知的作用被称为首因效应(或初始效应)(primary effect)。社会心理学界对首因效应进行了经典实验研究,研究者是美国社会心理学家洛钦斯(A. S. Lachins)。洛钦斯编撰了两段文字作为实验材料,内容主要是写一个名叫吉姆的学生的生活片段。这两段文字描写的情境是相反的,一段内容是把吉姆写成一个热情并外向的人,另一段内容则相反,把他写成一个冷淡而内向的人。两段材料如下:

> 热情并外向的描写材料:吉姆走出家门去买文具,他和他的两个朋友一起走在充满阳光的马路上,他们一边走一边晒太阳。吉姆走进一家文具店,店里挤满了人,他一面等待着店员的注意,一面和一个熟人聊天。他买好文具在向外走的途中遇到了熟人,就停下来和朋友打招呼,与朋友告别后就走向学校。在路上他又遇到了一个前天晚上刚认识的女孩,他们说了几句话后就分开了。
>
> 冷淡而内向的描写材料:放学后,吉姆独自离开教室走出校门,他走在回家的路上,路上阳光非常耀眼,吉姆走在马路上有树荫的一边,他看见路上迎面而来的是前天晚上遇到过的那个漂亮的女孩。吉姆穿过马路进了一家小吃店,店里挤满了学生,他注意到那儿有几张熟悉的面孔,吉姆安静地等待着,直到引起柜台服务员的注意之后才买了饮料,他坐在一张靠墙边的椅子上喝饮料,喝完之后他就回家去了。

洛钦斯把这两段材料给予不同的组合:①把吉姆描写为热情而外向的材料先出现,描写为冷淡而内向的材料出现。②相反,先出示把吉姆描写为冷淡而内向的材料,再出示描写为热情而外向的材料。③只出示一段把吉姆描写为热情而外向的材料。④只出示一段把吉姆描写为冷淡而内向的材料。

洛钦斯把被试分为四个组,分别阅读一组材料,然后要求各组被试回答一个问题:"吉姆是怎样的一个人?"结果表明,第一组被试中有78%的人认为吉姆是一个比较热情且外向的人;第二组被试只有18%的人认为他是个外向的人;第三组被试中有95%的人认为他是外向的人;第四组只有3%的被试认为他是外向的人。

上述研究证明,第一印象对个体的认知有重要作用,人们为了给他人留下好印象不仅要注意自己的外表、言谈举止,还必须增长才能、加强个人修养等。不过,双方初次见面所获得的印象只是一些表面特征,不是内在本质特征。尤其是初次见面时往往只凭仪表、长相而一见钟情者,不考察对方的态度、个性品质等,更是不可取的。

当然,第一印象不是无法改变的,随着时间的推移,交往的增多,人们对一个人各方面的情况会愈来愈清楚,从而可以改变第一次见面时留下的印象。

(二)好恶评价是认知他人的重要维度

在形成对他人的印象时,好恶评价是最重要的维度。奥斯古德(C. E. Os-good)采用语意差别法(或语意区别法)(semantic differential technique)对好恶评价作了最早的研究。研究表明,好恶评价是印象形成的主要依据,一旦个体把某人放在喜欢或不喜欢的范围内,对这个人的其他认知就会归入相应范围。在一次会面时,一时的好坏印象可以扩大到所有情形中去,而且还会涉及一些无关的特征。

后来的研究进一步发现,个体是根据社交和智力的性质来评价他人。罗森堡(S. Rosenberg)等人曾经用一种叫作多维测量(multidimensional approach)的程序进行研究,发现经常用于好恶评价的一般是一些与社交和智力相关的品质(Rosenberg et al.,1968),如表5-1所示。

表 5-1 经常用于好恶评价的品质

评价维度	品质	
	与社交相关的品质	与智力相关的品质
好的评价	有帮助的 真诚的 宽容的 好交际的	科学的 坚决的 熟练的 聪明的
不好的评价	不幸福的 自负的 易怒的 令人厌烦的	愚蠢的 轻佻的 不可靠的 笨拙的

后来,汉密尔顿(O. J. Hamilton)的研究发现,社交品质一般会影响个体对他人作出的是否受人喜爱的判断,智力品质则会影响个体对他人作出的是否受人尊重的判断(Hamilton,1974)。

上述两项研究结果表明,个体是采用含蓄、复杂的方法去评估他人的。这两项研究的结果与奥斯古德研究的结果是一致的。好恶评价中,对热情与冷淡的评价是形成他人印象的关键因素,热情与冷淡是好恶评价的中心性品质。中心性品质和许多其他特性联系较多,而非中心性的品质如讲礼貌、粗鲁和许多其他特性的联系较少。前文提到的阿希的实验印证了这一结论。因此,热情、冷淡也被称为中心性品质词(central trait words)。

(三)非语言是认知他人的重要线索

大量的研究显示,在人们的日常互动中,多数人一天说话的时间只有 10~11 分钟。通常情况下,语言传递的信息平均不到 35%,剩下的约 65% 的信息都是由面部表情、身体动作、眼神、身体距离、语气、语调和语速等这些非语言线索来传递的。在人际互动中,有时非语言比语言文字能够传递更多的信息。两个热恋的人相视无语,但双方通过眼神暗送秋波,通过肢体传达爱意,正所谓此时无声胜有声。

按照非语言线索的来源,可将非语言线索分为视觉非语言线索和听觉非语言线索。面部表情、身体动作、眼神、身体距离等属于视觉非语言线索;语气、语调和语速等属于听觉非语言线索。

1. 视觉非语言线索

(1)面部表情。人的面部表情具有适应意义。表情最初是为了适应机体生存而产生的,以后逐渐演变成为一种先天的、固定的心理模式。面部表情与情绪、情感状态之间形成了机能上的表里关系,成为认知他人情绪和态度等的重要线索。达尔文指出,愉快、悲伤、愤怒、厌恶、惊讶和恐惧这六种面部表情是人类生物性的自然反应,在人类社会中具有共通性。大量关于面部表情的研究表明,愉快和愤怒最易辨认,而恐惧或悲伤则较难辨认(Gitter, et al., 1972),怀疑和怜悯最难准确辨认(Kanner,1931)。

埃克曼等进行了面部表情的比较文化研究,证实了上述观点。此研究以巴西、美国、阿根廷、智利和日本的受过高等教育人为研究对象,让他们对相同的面部表情给予情绪名称。结果发现他们的反映有很高的一致性。其中,被试对"愉快""厌恶""惊讶"的判断一致性尤为明显,详见表5-2。

表5-2 对六种面部表情的判断一致性占比

单位:%

判断者	表情种类					
	愉快	厌恶	惊讶	悲伤	愤怒	恐惧
巴西人	95	97	87	59	90	67
美国人	97	92	95	84	67	85
阿根廷人	98	92	95	79	90	54
智利人	95	92	93	88	94	68
日本人	100	90	100	62	90	66

后来,埃克曼等人又在新几内亚土人中进行了重复研究。这些土人从未看过电影,也不懂任何外国语言,没有在任何西方殖民地或政府管辖区生活过或为西方人做过事。研究者先给每个土人听一段描写情绪的小故事,比如"悲伤的""他的孩子死了,他感到十分难过"等,然后给每个土人一张表达那种情绪的照片和两张表达其他情绪的照片,让他们从中选择符合小故事中表达情绪的照片。结果表明,有80%以上的土人作出了正确选择。这一研究再一次证实了面部表情反映情绪状态的超文化观点。

虽然面部表情具有共通性,但是不同的文化中,面部表情的表达规则有其特殊性。例如,从东西方的面部表情而言,一般情况下,东方人面部表情含蓄,西方人面部表情夸张。

专栏 5-2 看脸能知人吗?

看脸能知人吗?为了找出这个问题的答案,托多洛夫(A. Todorov)等人做了一个实验,让被试从人格维度上给大量中性面孔打分(Todorov et al., 2008)。在分析结果时,研究者发现有两个维度较为突出:一个是正性-负性维度,包括评价这个人看起来是否可靠、是否具有攻击性;另一个维度集中在权力方面,包括评价这个人看起来是自信还是害羞,倾向于支配还是服从。被试这种对他人作出"实用的判断"的能力似乎是天生的——应该接近还是远离他们(维度1)以及他们可能在一个权力体系中处于何种位置(维度2)。托多洛夫用电脑软件将这两个维度按照不同程度组合形成一些新面孔。这些面孔中有一些在特定维度上非常极端。日常生活中几乎不可能出现。在这些面孔中,我们会看到一些面孔极具男子汉气概,比如突出的下巴,看起来让人觉得不可接近,也有一些特征看起来让人觉得这个人值得信赖。如果观察那些看起来值得信赖、不咄咄逼人的面孔,会发现那些可靠而温和的面孔看上去更像孩子们的脸。泽布维兹(Zebrowitz)等所做的研究表明,那些有着"娃娃脸"的特点,比如大大的圆眼睛、大额头、高眉毛和相对来说小而圆的下巴的成人,被认为拥有许多与年轻人相关的特征(Zebrowitz et al., 2005)。这些人被认为相对来说比较弱小、天真、顺从。同时,那些有着小眼睛、小额头、瘦削而突出的下巴的人则被认为是强壮的、能干的和占据支配地位的。从理论上讲,人们会认为"娃娃脸"

的人是无害且需要帮助的。劳伦兹(K. Lorenz)猜测许多哺乳动物幼崽的可爱会触发一种固有反应,这种反应能确保幼崽和需要帮助的个体得到足够的照顾。人们对幼小生物的这种自然的反应可能让人们认为拥有这些特点的成年人也是可信赖的和友好的。

(2)身体动作。身体动作传递着不同的信息。人在高兴的时候会手舞足蹈,失意的时候会垂头丧气。人在说谎时喜欢揉鼻子,因为说谎时体内多余的血液会流到脸上,使鼻子里的海绵体膨胀,人会感到不舒服,所以会下意识地揉鼻子。美国的神经学家深入研究了美国前总统克林顿就性丑闻事件向陪审团陈述的证词,他们发现克林顿说真话时很少触摸自己的鼻子。但只要克林顿一撒谎,他的眉头就会在谎言出口之前不经意地微微一皱,而且每四分钟触摸一次鼻子,在陈述证词期间触摸鼻子的总数达到 26 次之多。

(3)身体距离。一般而言,当某人对他人友善、亲密时,身体会自然地靠近他人,形成较小的身体距离。因此,我们可以从身体距离来判断他人对我们的态度。当然,文化规范也决定着人们身体距离的偏好。

(4)眼神。眼神可以传递特定信息。一般而言,当个体是自信的,或是在表达真实、正面信息时,或是对谈话对象很有兴趣时,他的目光是坚定的,并会正视交谈者;反之,当个体自卑、说谎、传递负面信息或者对谈话对象不感兴趣时,他的目光则会游移不定。大量研究表明,对一个未经特殊训练的人而言,如果他在撒谎,眼神会出卖他的内心。例如,一个笨拙的撒谎者因为内心恐慌,他会躲避对方的眼睛,但高明的说谎者会反其道而行之,他会加倍专注地盯着对方的眼睛,但是注意力太集中会使眼球干燥,这会让他们更多地眨眼。

2. 听觉非语言线索

语气、语调和语速等属于听觉非语言线索。同样一句话,重音不同、语气不同、停顿不同,传递的意义也是不一样的。心理学家发现,当人们说谎时,声音的平均音调比讲真话时要高,这种差别不是很大,但是音谱仪能分辨出来。此外,回答简短、反应时间长、紧张等都是说谎者的特征。

(四)认知他人过程中的偏差

在认知他人的过程中,人们常常会因为对象的某一突出特质而对其评价过高或过低,出现晕轮效应,这是个体在认知他人过程中出现的偏差。晕轮效应(halo effect)是指个体对认知对象多种特质的评价会受其某一特质的影响而普遍偏高或普遍偏低。比如,人们一旦认为某人比较可爱,就会对他的性格、能力和品质等都会有一个较高的评价;相反,如果人们厌恶某人,就会认为他卑鄙、丑陋且笨拙。爱屋及乌就是晕轮效应的一种体现。

第三节 社会认知的归因理论

我们对别人作出的最重要的推断之一就是他们为什么有这样的行为。什么原因使得一个人在聚会上很害羞而另一个人却十分好交际?有关归因(attribution)的研究,已成为现代社会心理学研究中一个令人感兴趣的领域,并形成了多种归因理论。

一、归因的一般概念

归因是人们对他人或自己的行为和态度进行解释和推断的过程。由于人们的认知资源有限,因此并不会对所有事情都进行归因。一般面对两种情况时人们才会进行归因:一是发生出乎意料的事情;二是有令人不愉快的事情发生。

二、归因理论

所谓归因理论,就是关于人们如何对他人或自己的行为和态度进行解释和推断的理论。以下介绍社会心理学领域三种主要的归因理论。

(一)海德的归因理论

海德(F. Heider)是最早研究归因理论的心理学家,被称为归因理论之父。海德认为人有两种强烈动机:一是了解世界;二是控制环境。为了满足理解和控制的需要,人们必须有能力预测他人将如何行动,否则,世界就是随机的、令人吃惊的和不合逻辑的。因此,人们就像是业余的科学家,尝试着拼凑各种信息以了解人的行为,直到找到一个合理的解释或理由为止。

海德最有价值的贡献之一,就是提出了二维归因理论,即人们在解释行为发生的原因时通常从内部或者外部两个维度进行归因。内部归因是将个体行为发生的原因归结为个体的能力、努力、人格、动机、情绪、态度、价值观以及个体所具有的特点等内在因素。外部归因是将个体行为发生的原因归结为任务难易程度、他人影响、运气、环境、外在奖赏与惩罚等外在因素,又称情境归因。例如,一位父亲当众对孩子大发脾气,可以进行内部归因,认为他性格暴躁,缺乏科学育儿的知识等;还可以进行外部归因,认为父亲大吼大叫是因为孩子在过马路时没有看来往车辆,险些被撞,是当时的情境所致。

归因方式会影响人们对个体的认知和评价。如果用内部归因,人们对这位父亲就会形成负面印象。如果用外部归因,人们就会理解父亲的行为,毕竟很多父母面对不顾危险而擅自穿越马路的孩子都会火冒三丈。

海德的另一个重要贡献是,他认为相对于外部归因,个体更倾向于进行内部归因。海德指出,人们倾向于认为行为起因是行动者的个性特征,因为一般情况下,相比于情境(外部因素),人们会将注意力放在行动者身上。

(二)凯利的三维归因理论

凯利(H. H. Kelly)于1967年提出了三维归因理论(cube theory)。他认为任何事件的原因最终可以归于三个方面:行动者、刺激物以及环境背景。如对张三打李四这件事的归因,张三是行动者,李四是刺激物,打架时的环境是背景。凯利指出,在归因的时候,人们要使用三种信息:一致性信息:其他行动者也是如此吗?一贯性信息:行动者经常如此吗?独特性信息:行动者是否只对这项刺激产生反应?

我们将其归因线索归纳如下:

- 原因:行为者(张三)、刺激物(李四)、情境(打架时的情境)。
- 三种信息:

(1)一致性信息:行动者与他人行为是否一致?(其他人是否经常打李四)。

(2)一贯性信息:行动者在其他时间、地点是否也发生此行为?(张三在其他场合是否也打李四)

(3)独特性信息:行动者是否只对这种刺激产生反应?(张三是否只打李四)。

基于以上事实的归因示意如表5-3所示。

表5-3 凯利的三维归因理论示意

信息分类			归因情况
一致性	一贯性	独特性	
高	高	高	归因于刺激物(李四)
低	高	低	归因于行为者(张三)
低	低	高	归因于情境(打架时的情境)

凯利的理论在后来的研究中被证实。不过一些研究也发现,虽然人们确实是使用三种信息归因,但往往是低估一致性信息,当他们评价一个人的行为反应时,并不充分考虑在类似情况下其他人的行为。

(三)韦纳的成就归因理论

1972年,韦纳(B. Weiner)在海德的归因理论和阿特金森(J. W. Atkinson)成就动机理论的基础上提出了自己的归因理论,该理论要说明的是归因的角度及归因对成功与失败的影响。韦纳认为,区分内因与外因只是归因的角度之一,在归因时人们还应从另外一个角度,即稳定(如能力、工作难度等)与不稳定(如努力、身心状况、运气等)的角度看待问题。这两个角度互相独立,就像平面坐标系中的 X 轴与 Y 轴一样。

韦纳认为,能力、努力、运气和工作难度是个体分析工作成败原因的主要因素。一般来说,一类人习惯把成功的原因归为自己能力强,而把失败的原因归结为自己不努力;另外一类人习惯把成功的原因归为运气好、任务容易等外在因素,而把失败归为自己无能。

如何对成功和失败进行归因对个体今后的工作积极性有重要作用。韦纳的研究表明,把成功归结于内在因素,会使人感到满意与自豪;若把成功归因于外在因素,则会使人产生意外与感激的心情。把失败归结于内在因素,会使人感到内疚与无助;若把失败归因于外在因素,则会使人产生气愤与敌意。把成功归结于稳定因素,会提高以后的工作积极性;若把成功归因于不稳定因素,以后的工作积极性可能提高,也可能降低。把失败归因于稳定因素,会降低以后的工作积极性;若归因于不稳定因素,则可能提高以后的工作积极性。

三、归因偏差

归因理论对行为归因过程的解释是以人们在归因时总是以理性

的、有逻辑的方式进行为假设前提的。但实际上，人们的归因行为并非完全是纯粹理性活动的产物，也并不是逻辑严密的，这就会使人们在归因时出现错误和偏差。在这里，错误指的是认知者偏离了标准的归因过程，而偏差则指的是认知者系统地歪曲了某些本来是正确的标准程序。这些错误和偏差有的源于认知过程本身固有的局限，有的源于人们的动机。

(一) 基本归因错误

人们对他人的行为进行归因时，往往将行为归因于内部稳定的性格因素，而忽视引起行为的外部客观因素。这一归因现象被社会心理学家称之为基本归因错误(fundamental attribution error)。此时，人们往往忽视某种行为产生的环境因素，如社会规范或社会角色的作用，而将行为看成是行动者自由选择的结果，是其稳定的人格品质的一种系统反映。

基本归因错误又叫对应偏差，是指人们在解释他人行为时，夸大行动者个人因素、低估环境因素的现象。其产生的原因有以下两个方面：①人们相信个体能对自己的行为负责，所以多以内因来解释人的行为，而忽略外因的影响。②情景中的行动者比情景中的其他因素更突出，所以，人们更容易注意行动者，而忽略背景因素、社会因素。

基本归因错误在社会生活中的影响是很大的。由于它的影响，处境困难的人常常被认为是咎由自取。比如，那些乞讨者常常被认为一定是懒惰的，而造成乞讨的客观原因如天灾人祸则经常为人们所忽视。这种归因错误不仅会使贫困者陷于孤立无助的境地，更危险的地方在于会使一个社会丧失互助的属性。

(二) 行动者与观察者偏差

行动者与观察者偏差是指我们常常将他人的行为归因于较稳定的人格因素，但却倾向于将自己的行为归因于外部因素。

行动者与观察者归因的差异可能是由下列原因引起：①行动者

注意环境,观察者更注意行动者;②观察者对行动者的过去了解少,行动者对自己的过去十分了解,知道前因后果。

具体来说,作为行动者,人们不能清晰地看见自己是如何行动的,这时自己的行为就不那么突出,而影响自己行为的外在环境因素却很突出,所以很容易将自己的行为归因于外部因素;反过来,作为他人行为的观察者时,他人的行为就成了知觉对象,而环境则成了模糊的知觉背景,所以人们常将他人的行为归因于行为者自身。

(三)自我服务归因偏差

自我服务归因偏差指人们把成功的原因归于内因,把失败的原因归于外因的倾向。在日常生活中,人们常把失败归因于运气不好、他人拆台等,以摆脱责任、免受责备。这种做法有利于个体的心理平衡。

无论是基本归因错误还是行动者与观察者偏差,其基本的适用范围都是中性的事件(即行为本身无所谓好坏),在事件有明显的积极和消极之分时,上述归因错误或偏差的性质往往正好相反:当行为是成功的、获取了良好的结果时,如果是他人的行为会被归因于外因(环境或外在条件),如果是自己的行为会被归因于内因(能力或其他人格品质);而当行为本身是不好的,或造成失败时,如果是他人的行为会被归因于内因(能力或其他人格品质),如果是自己的行为会被归因于外因(环境或外在条件)。简言之,在归因过程中存在着明显的自我服务归因偏差。类似的归因偏差在社会心理学家提供的跨文化研究中也常有论述。

 思考题

1. 何谓社会认知?其影响因素有哪些?
2. 分析社会认知中与印象形成有关的因素。
3. 举例说明基本归因错误。
4. 请对凯利与韦纳的归因理论进行比较。

拓展阅读

第六章 社会动机

分析人们的行为,必须揭示其行为的动机(motive 或 motivation)。人的行为总是由一定的原因引起的,这些原因有外在的因素,也有内在的动力,而动机就是引起、维持和促进个体行动的内在力量。由于动机是一种内部心理过程,所以它无法观察,也不能直接测量。要了解人的动机,只能靠行为者自己进行内省,或者从其外部行为来推断。在日常生活中,我们常常会推断或猜测别人的动机是什么。例如,当你在大街上看到一个熟人并向他招手,但是对方却没有反应,你可能就会推断他为什么没有反应,对方是真的没有注意到你,还是故意装作没有看见。如果你认为对方是故意的,可能又会猜测他到底为什么这样做。由此可见,了解人类动机,是我们理解人类行为的一个重要途径。

第一节 社会动机概述

一、动机的概念

动机是指引起和维持个体活动,并使活动朝向某一目标的内部动力。动机这一概念包含以下内容:①动机是一种内部刺激,是个人行为的直接原因;②动机为个人的行为提出目标;③动机为个人行为提供力量;④动机使个人明确其行为的意义。

人类的动机是多种多样的。在人类的各种动机中,有些动机起源于有机体的生理需要,如饥饿动机、干渴动机、睡眠与性动机,也有一些动机与人的社会需要相联系,如追求成功的动机、帮助他人的动机等。在心理学上,前者被称为原始性动机、生物性动机、生理性动机等,后者被称为衍生性动机、社会性动机、习得性动机、心理性动机等。由此可见,社会动机是指个体在社会生活环境中通过学习和经验而获得的动机。

二、与动机相关的概念

(一)本能

本能(instinct)是个体天生的、由遗传因素决定的行为倾向。麦独孤(W. McDougall)早在1908年就提出,人类社会行为的动力是本能。也就是说,他将人类的本能作为推动个体行为的动机,即本能具有动机作用。因为本能是一种与生俱来的冲动,所以用"本能"一词来概括人们社会行为的动机显然是站不住脚的。然而,人类的本能对于人类自身的某些行为确实产生了推动作用,所以也不能一概否定本能有动机作用。例如,吃喝的本能推动人们去寻找吃、喝的对象。但是,用本能作为人们行为的动机是十分不全面的,于是后来的一些心理学家用"需要"一词来代替本能。

(二)需要

个体在生理上有对食物、水、氧气、排泄以及避开外界有害刺激等的需求,在心理上有对友谊、自尊以及亲和等的需求,这些需求就是需要(need)。人类的某些需要是与生俱来的,但绝大部分的需要则是在社会生活中习得的。人们习得的需要都是社会性需要,如归属的需要(或亲和需求)(need for affiliation)、权力的需要(need for power)、自由的需要(need for freedom)、娱乐的需要(need for recreation)等。

默瑞(H. A. Murray)采用投射测验(projective testing)或主题统觉测验(thematic apperception test)来研究个体的需要。他把人的需要分为两大类,一类为生理需要(或生理需求)(physiological need),即个体内部维持生理功能的物质要素(如水分与食物)消耗到某种程度时即构成的缺乏状态。另一类为心理需要(或心理需求)(psychological need)。一般言之,凡是在生理需要(维持个体生命者)以外的一切需求均称为心理需要。默瑞列举了二十八种心理需要,并将它们分为六类,见表6-1。

表6-1 默瑞列举的心理需要

心理需要类别	示例
有关生命的需要	如获得、保存、保持、秩序、构成
有关成就、名誉的需要	如优越、成功、突出、修身、防止他人诽谤、承认、奋发
有关职权、适应的需要	如支配、恭顺、模仿、自律、对立
有关安全的需要	如攻击、屈从、逃避、防卫
有关情感的需要	如爱、恨、帮助、救护
其他的社会需要	如游戏、求知、解惑

(三)内驱力

当个体的需要得不到满足时,个体内部就会处于一种焦虑状态,这种心理上的焦虑就成为一种刺激作用于自身,变成一种推动力量。这种推动力量也称为内驱力(或驱力)(drive)。个体受到自身内驱力的作用,从而导致某种行为的发生。从激发个体行为的作用与性质看,动机与内驱力是同义词。不过,严格来说,动机与内驱力是不同的。动机是受社会个体生活经验和社会生活条件调节的,是带有社会内容的,是社会化了的内驱力。例如,作为生理需要,食物是没有特定条件的,各种各样的食物都可以用来满足生理需要,但是,饮食动机的发展方向和满足方式却会打上文化的烙印。

三、动机与行为

从上述概念可以看出,需要激发动机,动机推动行为,然后又引起新的需要,进而激发新的动机,最后又推动新的行为。如此循环往复,使个体的心理水平达到更高的境界。需要、动机、行为三者的关系如图6-1所示。

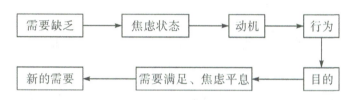

图6-1　需要、动机、行为的关系示意

图6-1表示,当个体产生某种需要而又未能得到满足时,个体内部呈焦虑状态,从而激发动机,进而推动行为实现目的,满足需要后焦虑得到平息,但又产生新的需要。事实上,动机与行为的关系远比该模式复杂得多。从动机到行为之间另外还有两个关键的环节,即意图的形成与行动的启动,如图6-2所示。

图6-2　从动机到行为的两个环节

值得注意的是,需要激发动机,但只有需要指向某个特定目标或对象时,才能激发相应的动机。有时候人们即使有了需要,也不一定会激发出动机。例如,人们处于一般饥饿状态下,需要吃东西,但看到食物很不卫生,又冷又硬,知道如果吃下去可能会生病,就不想吃这些食物。这就是说,饥饿状态下对食物的需要并未激发出相应动机。

动机是由需要所激发的,但有时候,人们的需要却未被自己明确地意识到,也就是潜在的需要,潜在需要所引发的动机为无意识动机。人们的潜在需要在某些场合下,仍然可以作为其行为的动机而发生作用。例如,一位大学生去书店只计划买本数学参考书,但却看到有歌曲选集,原本他并无购买歌曲选集的明确需要,但有潜在需要,于是也买了一本歌曲选集。这就是潜在需要激发行为的动机。

四、动机与活动效率

心理学中,关于动机和活动效率的关系有两种理论。一种是内驱力理论(drive theory),认为两者呈线性关系,即动机、内驱力、唤醒水平提高,活动效率也相应提高,另一种是倒U型理论(inverted-U theory),或称耶克斯-多德森定律(Yerkes - Dodson law),认为两者呈曲线性相关,即高动机或低动机与低水平活动联系,而中等动机水平与高活动效率相关,如图6-3所示。

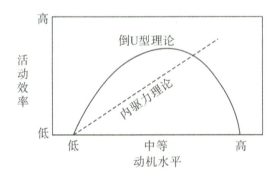

图6-3 驱动理论与倒U型理论的比较

专栏6-1 耶克斯-多德森定律:动机、绩率和成就感

什么是耶克斯-多德森定律?1908年,心理学家耶克斯(R. M. Yerkes)和多德森

(J. D. Dodson)开始研究电击是否会激励老鼠走出迷宫。他们发现:一次轻微的电击确实能使老鼠走出迷宫,但是极端的震动却使老鼠惊慌失措,小小的震动也没有刺激老鼠走出迷宫。两人将他们的发现发表在《比较神经病学》(Journal of Comparative Neurology)杂志上,并从理论上阐述了这对人类动机的意义。随着动机的增强,个体的工作效率会相应提高。然而,一旦压力超过一定的阈值,个体开始经历焦虑,就会导致效率下降。当把压力和动机的关系想象成倒 U 形曲线时,耶克斯-多德森定律就很容易理解了。即个体的工作效率随着动机的增强而提高,然后在触顶后下降。

我们已经确定,适当的压力可以激发动机,从而产生最佳的工作效率。许多人幻想拥有一份轻松的工作,但他们真的会快乐吗? 通常一周的工作时间是 40 个小时,没有人愿意无所事事地闲坐着。不仅如此,一份过于简单的工作会让员工觉得自己对公司没有多大价值,他们还可能需要假装自己比实际工作更努力。但是,这并不是说压力大的工作就一定会带来成就感。一个有太多工作要做的员工也会出现遗漏细节的情况,他们希望做到最好,但结果总是使他们感到内疚和无助,他们可能会对自己的工作环境产生怨恨,因为他们知道自己做了所有能做的事情,但却永远都不够好。

第二节 几种主要的动机理论

在研究人类动机时,不少心理学家都提出过自己的理论,试图解释人类的动机体系,这里,我们介绍几种曾经对动机研究以及心理学体系产生过重要影响的理论。

一、麦独孤的本能论

麦独孤(W. McDougall)是英国心理学家,1871 年出生于英国的兰开夏,先后就读于曼彻斯特大学和剑桥大学,曾在伦敦大学、牛津大学、哈佛大学、杜克大学任教。他是西方社会心理学的创始人之一,他于 1908 年出版的《社会心理学导论》与罗斯的《社会心理学》一起被当作社会心理学诞生的标志。

在麦独孤提出本能论时,心理学刚刚诞生不久,现今意义上的动机概念还没有出现。麦独孤的著作引发了人们探讨人类行为动机的兴趣。但是,他的理论具有明显的缺陷,有不少难以自圆其说的矛盾之处,自1919年起,就受到了许多学者的批评。一些学者认为,本能论意味着无论什么行为都可以用本能去解释,这在一定程度上妨碍了本能论的发展。行为主义的心理学家们批评本能论缺乏自然科学的根据,没有实验支持,是冥想的结果。有些行为主义的心理学家还通过实验来否定本能论。

中国心理学家郭任远在1930年做了一个很有趣的实验。他把小猫分成四组。第一组小猫出生后就与母猫隔离,不能看到母猫的捕鼠行为;第二组小猫与母猫一起生活,可以看到母猫的捕鼠行为;第三组小猫出生后与母猫隔离,而与老鼠一起生活;第四组小猫看到老鼠时就受到电击,形成了逃避老鼠的条件反射。这些小猫长大以后,见到老鼠时的反应很不一样:第一组无动于衷;第二组表现出捕鼠行为;第三组即使见到别的猫抓老鼠,也不会去模仿;第四组则是猫怕老鼠,见到老鼠就逃跑。这个实验表明:即使是低级动物的本能,也会因为后天的生活条件而改变,人类的本能就更不用说了。

二、劳伦兹的习性论

劳伦兹(K. Lorenz)是奥地利动物行为学家、动物心理学家,在研究动物的社会性行为的基础上,他于1963年出版了《论攻击》一书。他认为,攻击与进食、生殖、逃跑一起构成动物的四种本能。在同类动物和异类动物之间都存在攻击,而且同类之间的攻击行为远远多于异类。攻击本能具有积极的功能:通过攻击,强者可以得到更多的异性,有利于种族的生存适应,同类之间的竞争可以使它们在空间上合理分布,不会因为动物密度太高而耗尽食物。

按照劳伦兹的观点,战争是人类侵犯本能的表现。人类之所以在每个时代都有大规模的战争爆发,是人类侵犯本能定期发泄的结果。他指出,通过开展冒险性的体育活动来宣泄侵犯本能,是避免战争的一种有效方式。

劳伦兹指出,每种动物都有该物种特有的行为,即其习性。例如,他发现幼鹅在其幼年的关键期,会跟随在它们所看到的任何移动的大物体后面,就像跟随母鹅一样。人们经常说,"猫改不了吃腥",也是指猫有吃腥的习性。

劳伦兹对心理学的最大影响是提出了"关键期"这个概念。研究发现,动物行为的发育具有明显的阶段性,某些行为的发育需要在特定的时期完成。如果在特定时期之内,外在条件具备,该行为就会出现或比较容易出现,如果错过了这个时期,该行为就不会出现或者很难出现。一些学者提出,人类的某些行为也有其关键期,这种观点如果能够成立,对于儿童青少年教育就具有重大的意义。但是这方面的研究还不成熟。

三、马斯洛的需要层次论

美国人本主义心理学家马斯洛(A. H. Maslow)的需要层次理论(theory of hierarchy of needs)是最为著名并广为流传的一种动机理论。其影响之深远,至今不衰。这一理论在许多领域得到广泛应用,正如马斯洛自己所说,"特别是运用于教育、工业、宗教、组织与管理、治疗、自我改善等方面……"(Maslow, 1970)。美国学术界的一些人曾经甚至断言,到 21 世纪时,马斯洛将取代弗洛伊德、华生而成为心理学界最有影响力的先驱人物。

(一)马斯洛理论的基本思想

马斯洛最早曾醉心于行为主义心理学,相信行为主义是可以改变人的本性的。后来他又发现,依靠行为主义似乎作用不大,于是转而探求人的内在力量,即人的价值与潜能。

1. 人的本性

马斯洛从认知观点出发,肯定人的行为的意识性、目的性与创造性,强调人与动物的差异,注重人的价值和人的特殊性,即人本主义。马斯洛认为,社会文化对人有影响,但人本身的内在力量尤为重要,社会文化因素对人的价值体系起着一种促进作用。每个人都具有一定的内在价值,这种内在价值就是一种类似于本能的潜能(latent energy)或基本需要(basic needs),人要求其潜能得到实现,这就是马斯洛的自我实现论中的自觉、关心他人、好奇、不断成长、爱他人和被人爱等。每个人身上都有这些伟大的潜力。

马斯洛对弗洛伊德学派和行为主义学派的理论体系虽然并不赞成,但认为他们的"技术"还是有用的。马斯洛说:"机械论的科学(它在心理学上表现为行为主义)并非谬误,只是太狭隘""弗洛伊德对人的描述显然是不恰当的……他为我们提供了心理的病态的那一半,而我们现在则必须把健康的另一半补上去"(Maslow,1954)。

2. 研究人类的优秀者

马斯洛不同意弗洛伊德学派以研究精神不健康者为研究起点,他指出:"如果一个人只潜心研究精神错乱者、神经症患者、心理变态者、罪犯、越轨者和精神脆弱的人,那么他对人类的信心势必越来越小,会变得越来越'现实',标准越放越低,对人的期望也越来越小,………一个更普遍的心理科学应该建筑在对自我实现的人的研究上。"(Maslow,1954)

马斯洛也不同意行为主义研究普通人的倾向,认为研究普通人会导致人们形成关于"适应得好"的人的概念,而不是"发展得好"的人的概念。他更不同意他们对动物的研究,因为人类行为与动物行为有极大的区别,人的内在力量不同于动物的本能。他认为用动物来研究,一开始就注定要忽视只有人类才有的那些行为,如殉道、自我牺牲、爱情、幽默、艺术表现、内疚、爱国等。

总之,马斯洛提出要研究格外健全成熟的人。他称这些人是人类的一部分,是"不断发展的少数"。马斯洛认为通过研究这些人,将有助于人们对人及其潜力有更深刻的认识。马斯洛还强调要用更开阔的、更综合的、多学科的方法来研究人的问题,并且要遵守研究人的问题的伦理道德原则。马斯洛的研究理念获得了许多科学家的赞同。

(二)马斯洛的需要层次理论

马斯洛认为人有许多基本需要,并将这些需要排列成一个系统。

1. 五种基本需要

马斯洛把人的需要分为五个层次,从生理的、安全的、归属与爱的、自尊的需要,一直到自我实现的需要。

生理的需要(physiological need)是人类最原始最基本的需要,如对水、食物的需要等。马斯洛认为,在一切需要之中,生理需要是最优先产生的,但也是有限度的,当生理需要被满足时,它就不再作为行为的动力而存在。

安全的需要(safety need),例如对免受恐吓、混乱的折磨的需要;对体制、秩序、法律的需要;对保护者实力的要求等。安全的需要除了对此时此地的考虑以外,还要考虑今后。

归属和爱的需要(belongingness and love need)是指人们渴望同他人有一种充满深情的关系,渴望自己在所属群体和家庭中有一个位置。每一个人都愿意为达到这个目标而作出努力。关于爱的需要,马斯洛认为既包括给予他人的爱,也包括接受他人的爱。

尊重的需要(esteem need)指的是自尊、自重和来自他人的尊重的需要。这种需要可以分为两大类:一是对于实力、成就、优秀、胜任、自信、独立和自由的需要;二是对于名誉和威信的需要。这些需要的满足可以增长人们的自信,让他们觉得自己生活在这个世界上有价值、有用处,这些需要一旦不能被满足,就可能使人产生自卑、软弱、无能等感情,从而失去信心。

自我实现的需要(self – actualization need)是要求实现个人的理想与抱负。这是最高层次的一种需要。马斯洛把自我实现一词加以限定:自我实现的需要,就是指促使个体的潜力得以实现的趋势,这种趋势可以说成是希望自己越来越接近自己的理想形象,完成与自己能力相称的一切事情。他指出,自我实现需要被剥夺会引起疾病和萎缩,自我实现需要能促进人的成长,使人趋向更大的快乐,趋向更多的顶峰经验。

顶峰经验(或高峰经验)(peak experience)是马斯洛刻画自我实现者良好心理品质的专用词语,他在许多场合做了解释。马斯洛指出,大部分人都曾有过顶峰经验,具有自我实现的人远比一般人有更多的顶峰经验。顶峰经验总是出现在美好的时刻,是在快活而略带神秘感的时刻,是一生中最欣喜、最幸福、最完美的时刻。因此,顶峰经验是人的一生中最能发挥作用,感到坚强、自信、能完全支配自己的时刻。他说,可以把顶峰经验比作一台发动机,突然间所有的汽缸都工作起来了,它运转极好,产生了从未有过的力量。

2. 需要是有层次的

马斯洛认为,上述五种基本需要是逐级上升的,当较低级的需要满足以后,追求高一级的需要就成了驱动行为的动力,如图6 – 4所示。生理需要和安全需要属于低级需要,尊重需要与自我实现的需要属于高级需要,归属和爱的需要为中间层次,基本上也属于高级需要。必须先满足低级的需要,然后才能逐级上升。"仓廪实而知礼节,衣食足而知荣辱"说的也是这个道理

马斯洛认为,这个层次顺序并非很刻板,而是有许多例外的,例如涉及理想、崇高的社会和价值等时,有人会成为殉道者,他们为了某种理想或价值,会选择牺牲一切。匈牙利爱国诗人裴多菲(Petöfi

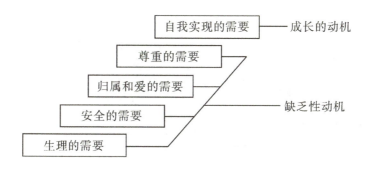

图6-4 马斯洛的需要层次排列

Sándor)所写的诗句"生命诚可贵,爱情价更高。若为自由故,两者皆可抛"便印证了这一观点。

3. 行为是由优势需要所决定

马斯洛认为,在同一时间、地点、条件下,人存在多种需要,其中有一种占优势地位的需要决定着人们的行为。当一种需要满足以后,一般来说,它就不再是行为的积极推动力,于是,其他需要就开始发生作用。但不能认为某一层次的需要必须完全满足之后,下一层次的需要才会成为优势。实际上,优势需要满足以后出现的新需要,并不会突然出现,而是以缓慢的速度从无到有、由弱到强、逐步出现。因此,马斯洛的层次理论并非是一种"有"或"无"的理论结构,它只不过是一种典型模式,这种需要分类只说明了一种基本的趋向,即需要具有不同层次,这种层次的优势又是不断变动的,当优势需要获得满足以后,它的动力作用随之减弱,高一级的需要才处于优势地位。这五种需要的关系可以用图6-5来表示:

(三)自我实现者的心理品质

自我实现需要被满足的人被马斯洛称为人类最好的范例,是不断发展的一小部分人的代表,是精神健康的人,是充分成熟的人,他们被称为自我实现者(自我实现人或自动人)。马斯洛在研究这些人的潜力时,抛弃了行为科学挑选一般对象进行研究的传统统计方法。

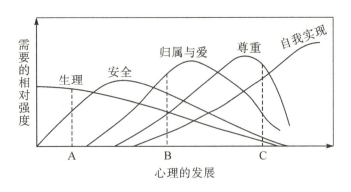

图6-5 五种需要的关系图

马斯洛把他的研究对象分为三类:第一类是极有成就的知名人士,如美国总统林肯、罗斯福及科学家爱因斯坦等;第二类虽然没有完全达到要求,但仍然可以作为研究对象,他们都是当代人;第三类包括一批朝着自我实现方向发展的年轻人。马斯洛认为,这类人只占总人口中的极少数,大约1%。

马斯洛通过对杰出人物的研究,发现这些优秀人物具有一系列共同的人格特征:①有出色的认识能力;②致力于他们认为重要的工作、任务、责任或职业;③具有创造性;④具有统一、和谐的人格;⑤有一种健康的自尊;⑥有独处的欲望;⑦能够独立自主,不受文化和环境的束缚;⑧与能力、性格相当的人建立深厚的私人友谊;⑨乐于与他人相处;⑩善于自我控制;⑪具有一种民主型的性格结构;⑫相信永恒和神圣的东西;⑬友善,富有幽默感;⑭具有惊人的不可思议的经验——顶峰经验。

(四)对马斯洛需要层次理论的评价

国内外心理学研究者对马斯洛的需要层次理论持肯定态度的比较多,虽然它也遭到另一些学者的批评。

1. 合理性

马斯洛认为,人的需要从低级到高级有不同的层次,可以认为,这是合乎逻辑的,符合系统论(systematization)原则的。系统论强调层次性、整体性等,马斯洛的理论正符合了这些要求。有人批评他的需要层次过于机械,这恐怕是误解。马斯洛提出的是如果低级需要不能被充分满足,则高一级的需要也就不能充分发挥,不是说高级的需要不能产生。

马斯洛把千变万化的人类需要分为五类,可以认为,这也是合理的。尽管存在着不同的国家、文化、社会形态,以及不同的社会条件,但是应当承认,人们都会有共同的需要,当然,具体的需要结构并不是千篇一律的。

对需要层次的跨文化研究证实,低级需要在高级需要之前首先获得满足具有普遍性。无论在什么文化中,低级需要如进食、饮水、安全等总是作为最应优先满足的需要而加以强调,但高级需要的满足有跨文化的变化。

马斯洛把生理需要列为第一需要,这是正确的。人们要生存,要创造历史,就需要衣、食、住以及其他生活必需品;马斯洛把安全的需要、归属与爱的需要和尊重的需要都列为人的基本需要,这也是正确的。尤其是尊重的需要,人是有别于动物的,任何国家的公民,任何一个民族,都需要获得尊重。中国历史上"士可杀不可辱"的事例很多。

马斯洛认为,人有内在价值、内在潜能,人要求发挥自己的潜能。这也符合社会生活的实际情况,并且有利于人类自身与社会的发展。马斯洛指出,具有自我实现需要的人具备一系列良好的心理品质,这些品质在合理的社会条件下,是有利于社会的。

2. 局限性

马斯洛的研究方法固然有其独特性,但遭到实验社会心理学家的批评,认为其科学性不够。一种科学必须经得起重复检验,而马斯洛研究的对象是经过挑选的特殊的个体,只有定性分析而缺乏定量分析,这可能会导致"随心所欲",在说服力方面尚有所欠缺,其科学性与可信性也不能认为绝对没有问题。

马斯洛过分强调人的价值,认为人的价值是一种先天潜能。他过分强调遗传因素的作用,忽视了社会生活条件对先天潜能的制约作用,从而导致他的理论具有一定的局限性。

第三节　主要社会动机

在社会生活中,对人们的行为影响比较大的社会动机主要有成就动机、亲和动机、利他动机、侵犯动机、权力动机等。本节主要讨论成就动机与亲和动机。

一、成就动机

(一)成就动机的概念

成就动机(achievement motivation)是个体为了取得较好的成就、达到既定目标而积极努力的动机。默瑞是最早有系统地提出成就动机概念的学者。他认为,成就动机是指个人想要尽快地而且尽可能地把事情做好的一种欲望或倾向。他把成就动机定义为:个人为完成困难的工作,为操纵、控制或组织事物、人物或思想,为尽快独立地完成任务,为克服障碍而达到高的标准,为超越自己,为超越且胜过别人,为使得个人的才能通过学习而增进的一种欲望。麦克兰德(D. C. McClelland)则认为,成就动机是个人在做事时与自己所持有的良好或优秀标准相竞争的冲动或欲望。

(二)成就动机的特点

影响成就动机的因素有很多,在宏观层面上,有社会文化因素;在微观层面上,有个人的成长经历、受教育程度、个性特征等。麦克兰德探讨了基督教新教伦理对西方人成就动机的影响。他认为,新教伦理所代表的价值观,使得父母在教育子女时,非常注重训练他们的独立能力和克服困难的能力。这种教养方式使子女形成了很高的成就动机。对麦克兰德的观点,有不少学者提出批评。一些学者提出了相反的证据,另有一些学者指出,麦克兰德的理论模式,并非有关成就动机的唯一的普遍的模式。成就动机的本质与内涵具有浓厚的文化色彩。华人心理学家杨国枢认为,在其他社会文化中,其成员的成就动机可能与强调新教伦理的西方白人社会中的成就动机有着不同的面貌。

专栏6-2　过度辩护效应——奖励的内在积极性

如果我们为了得到其他东西而实施了某种行为,那么这种行为的价值会被我们低估,这一现象被称为过度辩护效应。

在一项研究中,研究者向小学生展示了两个有吸引力的绘画活动。在第一种条件下,孩子们被告知他们必须要先参加其中的一个,然后才能参加另一个。而在第二种条件下,孩子们被告知他们为了能够参加其中的一个,必须先参加另外一个(两种条件下,实验者都平衡了两个活动的顺序)。在活动结束后的几天内,实验者让两个绘画活动出现在学校的自由活动时间中,并暗中观察孩子们在两个活动上各花了多长时间。结果发现:那些只是按照先后顺序参加了这两个活动的孩子,在之后的几天时间里从事这两个活动的时间是相当的;而那些先参加其中一个活动,来达到参加后一个活动的目的的孩子,则倾向于避免再去接触前一个项目,他们对于第一个项目的兴趣已经被破坏了。

过度辩护效应为如何运用奖赏机制提供了重要参考。按照人们通常的习惯,家长经常会因为孩子完成作业或者练钢琴奖励孩子。但是如果孩子原本对这些事情还有些兴趣,那这些奖励将会让兴趣岌岌可危。比如,在一项研究中,研究者在小学课程表的自由玩耍时间中加入了一些新奇的数学题。初始阶段,孩子们花在这些数学题上的时间较多,表明孩子们最初觉得这些数学题很有趣。几天后,研究者启动了一个奖励规则,就是孩子们可以通过做数学题来换取点数,而点数可以兑换奖励。他们做的数学题越多,获得的点数就越多。奖励对增加孩子们做数学题的时间是有效的。但是当不再奖励,孩子们再也

> 不能用做数学题赚钱了,他们还会继续做题吗?结果显示,他们不再做数学题了。有过一次为了这一活动而获取奖励的经历后,孩子们把做数学题看成了获取奖励的手段,而他们最初的兴趣也消失了。

二、亲和动机

(一)亲和动机的概念

亲和动机(affiliative motivation)又称为结群动机,是指个人有与他人在一起,或者加入某个团体的需要。人是社会性的动物,一般情况下,每个人都会寻求得到他所关心和重视的个人和群体的支持、喜爱和接纳。

(二)亲和动机的心理基础

对于亲和动机的心理基础,学术界存在不同的看法。有些学者认为亲和或结群是人的一种本能。按照这种观点,结群是生物自然选择的结果:在远古时期独立的人类个体势单力薄,不足以对抗巨大凶狠的野兽,结群使人类祖先可以互相支援,提高了生存的能力。也有的学者认为,结群是后天学习的结果,是在社会化过程中通过模仿、强化而形成的。例如,在大多数社会文化中,亲和与结群行为会得到奖赏,而不合群的人往往受到排斥。在现代心理学中,后者是占主流的观点。

在1959年出版的《亲和心理学》中,沙赫特提出了"焦虑-亲和"(anxiety-affiliation)假说,认为由焦虑导致的恐惧是促使人们结群的原因,经历过不安的人亲和倾向更强。按照这种观点,亲和动机不是在一般情况下希望和他人在一起、建立友好的关系,而是在处于不安的恐惧状态时,希望同处境或地位或能力基本相当的人接近,以取得协作和友好的联系。因此,有学者认为,亲和动机事实上是指人们由于不安而接近、靠拢周围的人或群体的要求或愿望。这里的接近和靠拢包括空间距离上的靠近,也包括心理距离上的缩小。人们之所以倾向于和处境、地位、能力相当的人接近,原因之一在于相似性可以使人们容易产生共鸣和理解,所谓的同病相怜就是如此。需要注意的是,焦虑和恐惧并非人们产生结群动机的唯一原因,促使人们希望和他人相联系的原因还有很多。例如,享受交流的乐趣,找到自我评价的比较基准等。另外,结群也可能产生一些负面效果,如社会懈怠、屈从等。

 思考题

1. 何谓动机与社会动机?
2. 试分析马斯洛的需要层次理论。
3. 举例说明什么是顶峰体验。

拓展阅读

第七章　社会情绪与情感

社会情绪(emotion)与情感(feeling)是人类心理活动的重要组成部分,与人们的生活关系密切,这里的社会情绪与情感即情绪与情感。但是,由于种种原因,情绪与情感领域的研究受到严重的忽视,成为心理学研究的薄弱环节。值得欣慰的是,近 30 年来,该领域已引起心理学家的重视,加上某些实验方法上的突破,这一领域的研究获得更快发展,人们对情绪与情感的认识得以深化。

第一节　情绪与情感概述

一、情绪、情感的概念与分类

(一)情绪、情感的概念

情绪和情感是人的心理活动的重要方面。情绪、情感是基于客观事物是否符合主观需要而产生的一种态度体验。当客观事物符合主观需要则可能产生肯定的态度,即出现满意、愉快、喜欢等情绪情感体验;当客观事物不符合主观需要则可能产生否定态度,出现不满意、不愉快、沮丧、痛苦、忧愁、愤怒等情绪、情感体验。情绪、情感是十分复杂的心理现象,两者既有区别又有联系。

从联系上来看,二者都是与人的特定动机相联系而产生的一种感官体验。在早年的心理学研究中,二者曾被统称为感情(affection)。然而,人的感情具有不同的层面,单纯的感情概念无法更清晰地表现心理状态的复杂性。因此,随着研究的深入,近年来学者更倾向于用情绪和情感两个概念来区分感情。情绪通常指的是包括个体生理唤醒、感觉、认知理解及其对应行为反应倾向在内的一系列躯体及主观过程模式,是人对自己独特处境的反应变化。一般而言,情绪具有较大的情境性和可变性,可能随着个体和社会互动情形的改变而改变。而情感指个体所具有的一种稳定、深刻、持久的有更强烈社会意义的体验和感受,如爱国情感、审美情感以及对他人的情感等等。通常认为,情绪是人类进化较为早期出现的心理功能,因此不光人类有情绪,很多动物也有情绪反应和表现;而情感则反映了人类进化到高级阶段的心理功能。可见,相较于情绪,情感具有更丰富的内涵和更深刻的表现形式。因此,对于情感的研究较之于情绪更为复杂和困难。

(二)情绪、情感的分类

1.情绪的分类

情绪状态特指人们在某种个人和情境交互影响的作用下,在特定时间所具有的情绪。情绪状态在一个人的生活中有着很重要的意义。在一般情况下,人的一切心理活动都带有情绪的色彩,而且以不同的心境、激情和应激等三种形式显露出来。

心境(mood)是一种比较持久的、微弱的、影响人的整个精神活动的情绪状态。心境不是关于某一事物的特定体验,它有弥散性的特点。当一个人处于某种心境时,往往以同样的情绪状态看待一切事物。如"人逢喜事精神爽""感时花溅泪,恨别鸟惊心"等,都是心境状态的表现。心境状态对艺术创作及艺术欣赏有着极其重要的影响。

激情(intense emotion)是一种强烈、短暂、爆发式的情绪状态。激情在强度上是强烈的,时间上是短暂的、爆发式的,在一定程度上是失去了控制能力的情绪体验。不过,激情状态下人们并非完全失去理智,基于有意识地干预,人也可以控制自己的行为,所以对于激情状态下的行为,一般认为当事人还是需要承担相应的责任。

应激(stress)是在出乎意料的紧急状态下所引起的情绪体验。在不同寻常的紧急情况下,有机体本身可以把体内的各种能源,如内分泌系统资源等都动员起来,以应付紧张的局面。如果长期处于应激状态则对健康不利。

2. 情感的分类

作为一种人类的高级感情过程和心理现象,情感的分类标准不一、较为复杂。国内学者彭聃龄(2001)从道德感、理智感和美感三个层面对其进行了阐述。

道德感(moral feeling)是针对人的行为、举止、意志、意图是否符合社会道德行为准则而产生的情感体验。道德行为准则是调整各种关系的行为规范,也是评价人们行为善恶的准则,符合与违背道德感都会使人们产生相应的情感体验。

理智感(rational feeling)是人在智力活动过程中产生的体验。它是和人的认识活动、求知欲、对真理的探求相联系的。如求学的热情,探索与创作的热情,这种情感在人的智力活动中的作用是巨大的。

美感(aesthetic feeling)是人对美的体验。它是根据人对美的心理需求,按照个人所掌握的美的标准,对客观事物进行评价时所产生的情感体验。美感是人对审美对象的一种主观态度,即审美对象是否能满足主体需要的关系的反映。

二、情绪、情感与人的发展

(一)情绪、情感表现的先天遗传性

达尔文的进化论观点认为,人类的情绪表达是从其他动物的类似表达进化而来的,我们表达情绪的许多原始方式,显示着某些生存价值的遗传性。达尔文的推理逻辑是,不管什么地方的人,不论相距多远,都在有相同情绪时出现相同的面部表情,那么这种表情一定是遗传的,而不是习得的。例如,不同文化几乎都发展了不同的语言,因此,语言是人为的产物,是习得的,而不同文化的人表达相同情绪的表情相同,这说明表情是遗传的。

(二)情绪、情感表现的社会制约性

尽管基本情绪的表现具有先天遗传性,但情绪的具体表露却受社会文化因素的制约,尤其是复杂情绪更是如此。文化建立起社会规范,规定人们在哪些特定场合应当表现出哪些特定的情绪反应。

(三)情绪成熟的指标

情绪成熟是人格成熟的必要条件之一。所谓情绪成熟,张春兴(1992)在《张氏心理学辞典》中将其定义为:情绪表达不再带有幼稚的、冲动的特征;言行举止、表达情意时,均能符合社会规范。研究情绪的其他学者,也提出情绪成熟的指标,这些指标能帮助人们衡量自己的情绪成熟程度。

瑞尼斯(T. A. Ringness)等人提出情绪成熟的指标有下列六项:①发展出某些技巧以应付挫折情境;②能重新解释与接纳自己与情绪的关系,不会一直自我防卫,能避免挫折并安排替代的目标;③知觉某些情境会引起挫折,可以避开并找寻替代目标,以获得情绪满足;④有办法缓解不愉快;⑤能认清各种防卫机制的功能,包括幻想、退化、反抗、投射、合理化、补偿,以避免防卫过度,造成情绪困扰;⑥能寻求专家的帮助。

> 此外,索尔(L. J. Saul)也指出情绪成熟的八个指标:①独立,不依赖父母;②责任感增强,工作能力提高,对外界接纳的渴望减少;③自卑情结、个人主义及竞争心理减弱;④适度的社会化,能与人合作;⑤成熟的性态度,能组织幸福的家庭;⑥适应性提高,有效避免敌意与攻击;⑦对现实有正确认识;⑧具有弹性以及良好适应力。

三、情绪与情感的功能

社会情绪与情感是伴随整个社会心理过程产生的主观心理体验和心理感受。尽管情绪与情感本身存在正性和负性之分,但在进化过程以及人类社会生活中,正负情绪和情感都具有强大的社会功能和生存功能。试想,如果我们在每天的日常生活中,没有任何情绪,或者无法体验到自己和他人的情绪,那么我们的生活必然发生巨大的变化。研究者关注了情绪和情感在各方面所发挥的功能。

(一)驱动功能

情绪与情感能增加或减弱人的动力。这最典型地体现了情绪与情感在人类生存中的适应性价值。例如,达尔文认为,人类祖先在捕猎和搏斗时,发生愤怒的情绪反应,有助于增强体力,战胜猎物或敌人。现代科学更清楚地揭示了人在紧张情绪发生时会表现出一系列生理变化,如血压升高、呼吸频率提高、肾上腺素分泌增加等。这一切都有助于一个人充分调动体力,去应付紧急状况。

(二)强化功能

情绪与情感可以巩固或改变一个人的行为和认知。首先,在现实生活中,情绪与情感体验能对人的行为活动产生强化作用。其次,情绪与情感可以影响人的认知活动。大量研究表明,良好的正性情绪能使人的感知觉变得敏锐、记忆获得增强、思维更加灵活,有助于个人内在潜能的充分展示。研究者还发现,情绪能对人的记忆功能产生强化影响:在一定的情境下,人们会产生某种对当时事件或者学习材料的记忆,而如果这时记忆者正处于某种情绪中,就会将这种情绪一起带入他们的记忆之中。因此,当他们再回忆之前的事件或学习材料时,如果此时产生了与当初形成记忆时一样的情绪,则回忆的效果更好,这被称为情绪依赖性记忆。(Bower,1991)

(三)信息传递功能

情绪与情感能通过表情外显来传递信息。一个人不仅能凭借表情传递情感信息,而且也能凭借表情传递自己的某种思想和愿望,一言以蔽之,即能传递一个人的思想情绪与情感。情绪与情感在信息传递方面有一系列独特的作用:增强言语表达力、提高言语生动性、替代言语、超越言语等。超越言语的作用是指情绪与情感在某种情境下可以提供给互动双方语言所不能表达的信息,例如在面试场合,被面试者的语言通常是经过其精心准备的,带有明显的印象管理色彩,但是被面试者在面试环节中所展现出来的自信、沉稳、紧张或懊恼等情绪,能够传递给面试者更丰富全面的个人信息。

(四)感染功能

情绪与情感的感染功能常表现在两个方面:一种是一般的情绪气氛感染,表现为情绪兴奋性的整体提高或降低;另一种是被特定对象引起的情绪反应。心理学研究还表明,一个人的情绪与情感会影响他人的情绪与情感,而他人的情绪与情感还能反过来再影响这个人的情绪与情感。这就使人与人之间的情感发生相互影响。例如在一些聚会场合,个体本来并没有多么强烈的情绪唤醒,但是随着聚会氛围的逐渐热烈,个体的情绪可能会受到感染,渐渐活跃起来,直至带动他人一起融入气氛当中。

(五)迁移功能

情绪与情感的迁移功能指的是一个人对他人的感情会迁移到与这个人有关的对象上去。当一个人对他人有特定的情绪与情感,比如喜爱,那么对他所交的朋友和他经常使用的东西,也会产生好感。

这便是情绪与情感的迁移现象。"爱屋及乌"便生动而典型地概括了这一独特的情感现象。关于情感迁移的内在机制,一般认为这是情感的扩散、泛化现象。在有些情绪与情感形成时,人们会相对不那么理智,由于这种情绪和情感使大脑皮层对应的脑区处于唤醒状态,使得个体在这种唤醒状态下加工其他信息时,会出现类似的情绪与情感反应,即导致感情迁移与泛化的产生。

第二节　情绪与情感的相关理论

一、詹姆斯－郎格情绪理论

最早对情绪变化提出系统解释的人是美国心理学家詹姆斯(W. James)。1884年詹姆斯发表论文《什么是情绪》,后来收录在他1890年出版的《心理学原理》一书中,他认为身体的变化发生在对刺激事实的知觉之后,随着身体变化,产生出对这种身体变化的感受即情绪。依据这种看法,人难过是因为哭,快乐是因为笑,情绪发生的顺序是:外在刺激(看见老虎)先引发个体的生理变化(如心跳加速)与直接的行为反应(如逃跑),个体对身体反应知觉后才产生情绪(恐惧),亦即情绪不是由外在刺激直接引起的,而是由身体的生理变化所引起的。

与詹姆斯几乎同期进行情绪研究的另一位生理学家也提出了相似的观点,这就是丹麦的郎格(C. G. Lange)。他在1885年提出情绪是对身体变化的知觉,情绪是身体变化的结果,而不是情绪引起身体变化。所以后来的学者就将两人的理论合一,称为"詹姆斯－郎格情绪理论"。

詹姆斯－郎格情绪理论总体而言是偏向从外周神经系统对人类

情绪反应作出解释,因为它认为情绪产生过程中最为重要的机制环节在于外周反应(包括内脏)而不是神经中枢,神经中枢只能相对比较被动地感受这种变化并反应为情绪状态,所以詹姆斯-郎格情绪理论也被视为外周理论的一种。奥尔波特 1924 年在《社会心理学》中给予詹姆斯-郎格的情绪理论颇高的评价,认为其中含有很深的道理。今天看来,詹姆斯-郎格的理论揭示了情绪与生理活动的关系以及情绪与行为的关系,从中可以看出情绪与情感是伴随心理活动而出现的一种心理过程,是对心理活动的体验和感受,是一种"主观补充"——这是"现代心理学之父"冯特的说法。但这个理论,显然是不完整的,有局限的。不过,一种理论的意义,不在于它的完整性,而在于它给后续研究提出了怎样的问题和启示。尽管在后来的研究中,詹姆斯-郎格理论引发了很多争论,相继有学者提出不同的理论观点,但后来的研究都对詹姆斯-郎格理论进行了证明或纠正、补充。

二、坎农-巴德情绪理论

关于情绪与生理反应两者之间的关系,美国生理学家坎农(W. B. Conn)与其弟子巴德(P. Bard)提出了"丘脑情绪说",一般被习惯性地称为坎农-巴德情绪理论。他们认为,外界刺激传入大脑皮层,然后刺激丘脑,引起丘脑神经细胞释放激素。丘脑释放的激素沿着两个方向传递,一是传回皮层,出现"主观体验";二是传至内脏和骨骼,引起身体变化。可见,在坎农的研究中发现,情绪体验与生理变化是同时产生的,两者均受丘脑的管制,而情绪经验主要是由于对刺激情境的知觉。坎农和巴德认为,当刺激引起的感觉信息传到大脑皮层时,唤醒丘脑,丘脑同时向大脑皮层和身体的其他部分输送冲动,神经冲动向上传至大脑产生情绪的主观体验,向下传至交感神经引起机体的生理变化,因此身体变化和情绪体验是同时发生、互相促进的。

坎农-巴德情绪理论鲜明地反对外周主义的情绪解释,提出了新的基于中枢主义的情绪产生的主张,提出了躯体反应和心理反应相互独立的全新观点。相对于詹姆斯-郎格情绪理论,坎农-巴德情绪理论有了更多的临床实验数据的支持,至少在当时对进一步推动情绪研究起到了里程碑式的作用。虽然后来的研究也发现,该理论完全否认外周生理反应在情绪产生中的作用的观点也是有所偏颇的。

专栏7-1 猝死与自主神经系统活动有什么关系?

副交感神经系统在经过极端恐怖或其他各种强烈的情绪阶段之后可能会作出过度反应,这种反应被称为副交感回弹(parasympathetic rebound)。当回弹严重时,有可能引起突然死亡,即猝死(sudden death)。在战争中,战斗非常之残酷,在严格意义上,有些士兵是死于恐惧。很明显,这类死亡是由于副交感神经系统的过度反应造成的,如使心脏跳动过缓而停止了跳动。医学研究也已表明,当人体的交感神经和迷走神经的平衡发生紊乱时,心脏的正常节律就会被打破,从而有可能会引起恶性心律失常甚至猝死,因此自主神经系统与心脏性猝死的关系已成为医学界近年来研究的热点。自主神经系统的特异性传导通路与作用机制影响着人体心脏的电生理活动,一旦失衡就容易导致心脏电活动紊乱直至猝死。(张祥灿,等,2016)

三、阿诺德的"评定-兴奋"说

美国心理学家阿诺德(M. B. Arnold)在20世纪50年代提出了情绪的"评定-兴奋"说。该学说提出,情绪产生并不取决于刺激本身的性质,而决定于人们的头脑对刺激给出的评定——来自外界环境的影响必须要经过个体主观层面对这种环境刺激进行评价估计后,情绪才会产生。例如在森林里看到一头熊能引起惧怕,但在动物园里看到一头关在笼子里的熊却不惧怕,这就是个体对情境的认识和评价在起作用的原因。这一解释似乎在很大程度上与我们的常识是相符的。

在此基础上,阿诺德更进一步地对情绪产生的生理过程进行了理论描述:首先,来自于环境中的外部刺激作用于人的感受器官,进而产生神经冲动并传递至丘脑;丘脑再进一步将信号传递至大脑皮层,大脑皮层对神经信号作出评定并形成特定的态度;此后,大脑皮层将这种神经兴奋发送至丘脑,由丘脑下达给外周神经系统,以及血管和内脏,使我们产生相应的生理反应,获得机体感觉;与此同时,大脑皮层对刺激进行评定产生的态度也可以被个体所感知,就成为人们所感受到的情绪。

四、沙赫特的情绪三因素学说

美国心理学家沙赫特等人经实验研究,提出了情绪三因素学说。把情绪的产生归于刺激因素、生理因素和认知因素的整合作用。

他认为,三因素中,认知因素对当前情境的估计和过去经验的回忆在情绪形成中起着重要作用。如某人在过去经验中遭遇到某种险境,但安全度过。当他再经历相同的险境时,回忆过去的经验,便泰然自若,并无恐惧或惊慌,情绪和情感通过认知活动的"折射"而产生(如图7-1所示)。为了证明这一观点,沙赫特和其合作者进行了一个著名的实验。在实验中,研究者首先将被试分为三组,在征得被试同意的情况下对其进行了肾上腺素的注射,但被试并不了解自己被注射的药物及其功能。对于第一组被试,研究者将注射肾上腺素后正常的生理反应(心跳快、手抖等)告知了被试。对于第二组被试,研究者告诉被试的生理反应与肾上腺素的效果并不一致。第三组被试则未告知其任何信息。之后将三组被试安排进入令其愉快或令其感到被冒犯的情境之中。结果发现,第二组和第三组被试在愉快的情境和被冒犯的情境中均表现出相应的正常情绪反应,而第一组被试无论是在哪种情境下均无明显的情绪变化。这一现象可以很典型地表现出,当人们(第一组被试)所感知到的刺激及其生理反应在其认知评价的框架之内(即在实验中已被预先告知了可能会出现相应的反应症状),则他们就不会对情境刺激产生相应的情绪反应。可见,外部刺激、生理唤醒和认知评价在情绪的产生过程中都是重要因素,在理解情绪的生理基础时,不能忽略作为人类高级心理活动的大脑皮层认知评价的作用,如图7-1所示。

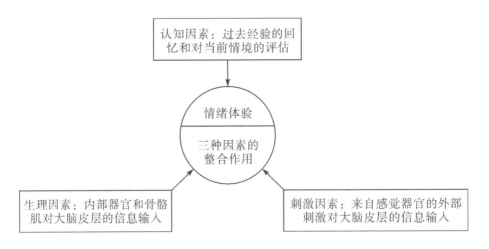

图7-1　情绪三因素学说模式图

可见,在情绪、情感的发生过程中,人的认知起着重要的决定作用。现代心理学的研究早已证明,情绪情感虽然与机体的生理唤醒状态有着密切的关系,但它不是单纯地由生理唤醒状态决定的,而主要是由人的认知所决定的。人对作用于他们的事物的判断与评估,才是情绪、情感产生的直接原因,同一事件在不同的时间、条件下出现,人可能会作出不同的评估,从而产生不同的情绪。

专栏 7-2　威胁敏感性:是认知还是情绪?

每个人对周遭环境中威胁的评估、感知和应对是存在差异的,同样的客观环境,有的人安之若素,有的人畏之如虎,这即是威胁敏感性的差异。威胁敏感性个体差异的存在体现了不同个体对威胁的预期、感知和应对都是不同的,那么这一概念到底是一种认知还是一种情绪反应呢?研究发现,这二者也许是同时起作用的。举例而言,对于同样的一句玩笑话,比如"贫穷限制了你的想象力",不同处境的人对其的感知和反应是不同的。处境较为优越的个体,更有可能认为这是一句流行的玩笑话,可能会用玩笑话的方式回应过去;而处境较为不利的个体,更容易将这句话理解为是针对自己的真实评价,"对方看不起自己,他在攻击我",内心受到伤害,脸上也可能显露出不悦的表情。国内外心理学研究都表明有些社会处境欠佳的个体具有更高的威胁敏感性。从这个现象中,我们也可以看到认知和情绪有时是密不可分的(李小新,等,2014)。

第三节　情绪与情感的调适

一、情绪智力

现今关于智商和情商的概念已经被人们普遍接受。不过,从学术研究领域而言,一般心理学研究者更倾向于将所谓"情商"概念在中文中表述为情绪智力。关于"情绪智力"这一概念的最早提出者是谁,目前学界还未达成一致意见,但普遍认为将此概念发扬光大的学者是迈耶(J. D. Meyer)和沙洛维(P. Salovey)。根据他们的界定,情绪智力包括了精准地感知、评估和表达情绪的能力,接近或者能够生成促进思维的情感的能力,理解情绪和与情绪有关的知识的能力,以及调节情绪以助力情绪与智力发展的能力等方面的综合体现(Meyer et al.,1997)。

在上述工作的基础上,戈尔曼(D. Goleman)在其著作中展现了他所理解的与上述内容不同的情绪智力的概念。他认为,情绪智力包括以下五种能力。

第一,了解自我。了解自我是指当人们出现了某种情感时,承认并认识这些情感,即使这些情感会带来麻烦,也不躲避或推脱。自我知觉是情绪智力的核心,监控情绪时时刻刻变化的能力是自我理解与心理领悟力的基础。没有能力认识自身的真实情绪就只能被这些情绪摆布。能够把握自我的情绪就能更好地规划自己的人生,更准确地对婚姻、就业等大事作出决策。

第二,驾驶情感。驾驭情感是指人们一旦意识到自己有不良情绪和情感,便能够控制这种情感。驾驭情感实际上就是调控自我的情绪,使之适时、适地、适度。这种能力具体表现在通过自我安慰和运动放松等途径,有效地摆脱焦虑、沮丧、愤怒、烦恼等因失败而产生的消极情绪。驾驭情感能力高的人可以从挫折和失败中迅速跳出,振作精神再出发。

第三,自我激励。自我激励是指为实现目标而调动、指挥情绪的能力。要想集中注意力、发挥创造性,这一能力必不可少。能够保持自我激励,积极地面对生活,才能拥有幸福人生。

第四,认识他人。认识他人的能力即移情的能力,这是在情感的自我知觉的基础上发展起来的又一种能力,是最基本的交往能力。具有移情能力的人,能通过细微的社会信号敏锐地感受到他人的需要,能分享他人的情感,对他人的处境感同身受,能客观理解他人的情感。

第五,处理人际关系。处理人际关系的能力就是善于调控自己与他人的关系。处理人际关系的能力可以强化一个人的受欢迎程度、领导权威、人际互动的效能等。

尽管戈尔曼的理论有时会被批评缺乏学术性以及相应的实证研

究基础,但这并没有妨碍他的观点随着他所著的畅销书《情商》的出版而流行。一般认为,当下公众对于情商的理解源自戈尔曼的理论。当然,以迈耶和沙洛维为代表的学院派研究者围绕着情绪智力进行了常年深入的研究,也对此科学问题贡献很大。这两种研究思路共同构成了今日有关情绪智力的知识体系。

二、情绪管理的方法

情绪管理,就是要清楚自己当时的感受,认清引发情绪的缘由,再找出适当的方法疏解或表达情绪。首先可以从是什么(What)、为什么(Why)、怎么样(How)三个方面去探讨自己的情绪状态。

第一是 What——我现在有什么情绪?情绪管理的第一步就是要先能察觉自己的情绪,并且接纳情绪。只有认清自己的情绪,才能掌握情绪,才能为自己的情绪负责,而不会被情绪所左右。

第二是 Why——我为什么会有这种情绪?我为什么生气?我为什么难过?我为什么觉得无助?找出原因才能知道这样的反应正常与否,才能对症下药。

第三是 How——如何有效处理情绪?想想看用什么方法可以疏解自己的情绪?也许是通过运动、听音乐等来让情绪平静,也许是通过大哭一场、找人聊聊等来宣泄情绪,或换个思路来改变情绪。

具体而言,下面的一些管理情绪的方法可以作为参考。

(一)察觉自己的情绪

1.探索自己曾有的各种情绪

第一,在一个安全的空间觉察情绪。在一段可以独处的时间里找一个安全的空间,大声把内心的感觉说给自己听。

第二,以看电视、读书、看电影、欣赏音乐等作为探索媒介。可以回想一下:是什么情节、什么歌曲会让自己潸然泪下?然后,就能对引发自己情感的元素有越来越清楚的认识,从而精确指出是什么引发自己的情绪,从而清楚情绪背后的意义。

第三,回到过去。探索过去的回忆可以更清楚自己独特的内在、反应模式及情绪产生的原因,所以我们可以选定某一种情绪主题,自由联想童年的相关记忆,然后把所想到的任何事情,不做筛选地大声讲出来,使自己的内在感受更加清晰。

2. 增加对外在、内在与中间领域的觉察

根据完形治疗学派的观点,自我觉察可以包括外在、内在与中间三个领域。觉察这三个领域可以帮助人们更清楚自己当时的感受,帮助人们了解情绪的缘由,所以要增加觉察力,就可从这三个领域着手。

首先是觉察外在领域。所谓外在领域就是身体的知觉,就是通过视觉、听觉、味觉、触觉、嗅觉等,去观察外在环境,然后直接以"我觉察到……"的句子描述出来,不进行任何解释或说明。练习外在领域的觉察,有助于人们观察他人的状态,进一步将自己的觉察反映给对方,以有效解决问题。

其次是觉察内在领域。内在领域就是自己的身体和情感所感受到的事物,是自己内在的经验,是此刻身体内部某些特定部分的感受。可以用视觉、听觉、味觉、触觉、嗅觉等去觉察身体的各种感觉。内在领域的觉察,对于了解自己的情绪相当重要,因为情绪通常与身体的反应密切相关。

最后是觉察中间领域。中间领域不是来自感官信息,而是通过抽象化的过程来解释信息。中间领域为思考以及与担心、判断、想象、计划、假设、分析等相关的一切,这类描述常会包含"我想……""我猜……""我认为……""我相信……"等动词。中间领域的活动不一定与现在相关,而可能与过去或未来有关,例如人们想着未来或过去的事情就是在中间领域活动。

3.记录整理每天的情绪,提高对自身情绪的觉察力

提高自我情绪觉察力的另一个方法,就是撰写个人心情日记。撰写自己的心情日记,在日记中具体地描述事件的发生,觉察自己的情绪、了解自己的想法,并与过去的经验相联系,看看是否受到过去经验的影响。这样撰写一段时间以后,就可以了解情绪变化的周期及情绪变化的原因。

(二)了解引发情绪的原因

引发某种情绪的原因,通常主要是人们对事情的看法或想法,因此,当人们能洞悉究竟有哪些非理性想法在左右着自己的情绪时,就能通过调整这些想法来调节不良情绪。

非理性想法大致可以归纳为两种类型:一种是"夸大";另一种是"不切实际的要求"。此外,有的心理学家曾提出对人们生活影响较大的七种主要的非理性信念:①一个人应该被周围所有的人喜欢和称赞;②一个人必须无所不能、十全十美,才有价值;③那些坏人都应该受到严格的惩罚;④事情不能如愿以偿时,那将是可怕的伤害;⑤一切不幸都是由外在因素造成的,个人无法控制;⑥面对困难和责任很不容易,倒不如逃避较省事;⑦过去的经验决定了现在,而且是永远无法改变的。

(三)舒缓情绪

1.正念冥想

正念冥想一般是指个体进行一种有目的、有意识地关注,觉察当下一切的思想和行为状态,但一般要求个体不要对当下的一切事物作出认知判断,而只单纯地觉察它们。尽管关于正念冥想的具体操作有相当多的分类及技巧,但利用它舒缓情绪时,主要关注以下几点:第一,集中注意力于自己当下的感受,但不去评价;第二,心怀感恩,对自己有耐心,对他人抱有宽容之心;第三,不用消极和悲观的方式来看待自己和世界,保持对自己、对他人的信心与信任;第四,静静

体悟当下,不设定冥想的具体目标;第五,放下过去的一切,关注现在的存在,憧憬未来的生活。研究发现,这种不加评断,单纯关注于觉察当下的正念冥想法可以有效地舒缓情绪。

2. 倾诉

在情绪不稳定的时候,找人聊一聊,具有缓和、抚慰、稳定情绪的作用。因此,应该建立个人的支持网络,在自己需要的时候,有家人、亲戚或好友可以听自己倾诉,这是很重要的。另外,也可寻求专业的心理咨询人员的帮助。

3. 转移注意力

转移注意力非常有利于改变情绪。将注意力由原来的负面情绪和思绪中转移到其他的事情上,如出去旅游、做家务、看电影、听音乐,可以避免情绪继续恶化。运动也是一种有效的转移方式。

(四) 进行积极地自我暗示

自我暗示是运用内部语言或书面语言的形式来调节自我情绪。暗示对人的情绪乃至行为有奇妙的影响,既可以用来舒缓过分紧张的情绪,也可用来激励自己。如在学习成绩落后、恋爱失败、生理上有缺陷等情况下,要使自己振作起来,就要克服消极的心理定势,进行积极地自我调整和改变。此时,积极的心理暗示是很有必要的,如在心中经常默念"别人能行,我也一定能行""我有信心能考好"等等。"我有自己的优势"

(五) 合理释放不良情绪

人的情绪处于抑郁状态时,应进行合理宣泄,这样才能调节机体的平衡,缓解不良情绪的困扰,恢复正常的情绪情感状态。如果把不良情绪埋入心底,则会影响人的身心健康。因此,遇到挫折或不顺心的事情时,痛痛快快地哭一场,或找亲朋好友倾诉一番,或者以写日记的方式倾诉不快,或者去心理咨询机构进行宣泄等,是非常有助于情绪平复的。

(六)增强自信心,培养生活情趣

充分的自信是保持心情愉快的重要条件。要做到悦纳自己,不自怜,不自责,不自卑,充分全面正确地认识自己,对自我作出恰当的评价,特别是要善于发现自己的长处,肯定自己的成绩和优势,注意自我激励,学会保持积极乐观的生活态度。同时要注意培养生活情趣。一个人如果缺乏生活情趣,无所追求,就会感到生活空虚,也容易产生不良情绪。反之,一个人有生活情趣,有追求、有理想,就不容易痛苦和沮丧。

第四节 情绪、情感表达与人际沟通

一、情绪、情感表达的功能和障碍

情绪和情感的产生虽然基于个体心理过程,但是当个体在社会环境中生活时,这种存在于个体自身的情绪和情感状态必然会随个体的社会互动过程对他人有所影响。因此,情绪与情感的表达是在社会心理学领域更深层理解情绪与情感问题时不可忽视的内容。研究表明,个体对情绪与情感的表达和展现,既有积极的社会意义和人际功能,也会产生交往沟通的障碍。

(一)情绪、情感表达的功能

在人际交往中,情绪、情感表达具有很多积极的作用,主要体现在以下四个方面。

1. 让别人更了解自己

只有勇于表达我们对自己、他人与环境的感受,别人才有机会了解我们。没有一个人可以天然地懂得我们主观的感受,除非我们表露自己的感受。

2. 让自己更了解别人

人们可以从别人的情绪、情感表达中了解他们的心情,情绪的分享是基于互惠的立场,彼此分享感受可以增进了解。

3. 情绪、情感得到疏解并且让自己变得更真诚

没有说出的内心感受常常成为人们心中的负担,将真实感受说出来就是一种疏解,而且也能让我们不需要掩藏情绪而能真诚地与他人互动。

4. 让关系更牢固

人际关系若要从表面关系进展到亲密关系,重要因素之一就是彼此要表露真实感受。分享真实感受可以拉近彼此的距离,并让彼此感到亲近,让彼此的关系更为牢固。

(二)情绪、情感表达的障碍

既然情绪、情感表达对人际交往有不少积极作用,为什么有些人却不愿意表达自己的感受呢?

唐纳森(J. Donaldson)认为无法向他人表达情绪、情感的人通常会有以下想法:第一,无法直接向对方表露感受,并认为这样的表露会让自己难堪;第二,认为只要不说出自己的感受就可与对方维持和谐关系;第三,相信只要自己不要多想、多说,任何不愉快都会随时间而消逝;第四,相信别人"应该"知道自己的感受,不需要自己告诉他们。

然而事实上是,当人们谈论自己的感受时,其实就是在建立关系中的界限,这种界限可以帮助人们与他人建立相互尊重的关系。此外,压抑的情绪往往并不会随着时间的推移而消逝,更可能深埋在心底,一旦爆发出来反而更伤害彼此的关系。因此,在我们与他人的沟通相处中,有效地表达情绪、情感就显得十分重要。

二、有效表达情绪、情感的原则

(一)先觉察自己真正的感受

只有清楚自己的感觉,才能掌握自己的情绪,做情绪的主人。一件事情的发生可能会引发很多情绪,因此,要问自己"我现在有什么感受",先理清自己对这件事情的感觉,到底是担心、害怕、生气,还是厌恶或难过呢?只有自己了解自己的感受,才有可能让对方了解自己的感受。

(二)选择适当的表达时机

选择良好的表达时机是很重要的,对方只有在空闲和平静的时候,才能聆听你的感受。最好让对方有心理准备,并可以先告诉对方:"我想跟你聊一聊,可以吗?"如果只想表达感受,你可以事先告诉对方你不期待建议或安慰。有时候必须直接告诉对方自己的需求。

(三)表述应清楚具体

表达情感的有效方式是以平静、非批判的方式叙述情感的本质,描述而不是直接发泄。要注意说清楚,如果单单告诉别人我很生气,他人可能不知道你因为什么事情生气,毕竟个人的主观感受不同。因此,在表达情绪时要清清楚楚地向对方叙述,将特定的情境说清楚。

(四)合理的陈述方式

正确的情绪、情感表达应以行为、感觉、理由陈述为主,要注意只是谈自己的感觉,而不牵涉评判和指控。所谓行为、感觉、理由陈述方式可以简单地以下列公式来说明:"当……时候(行为),我觉得…(感觉),因为…(理由)。"此外,表达情绪是为了分享,为了让对方更了解自己,而不是改变对方。

(五)表达正面情绪

情绪可以分为正面情绪和负面情绪。在人际交往过程中人们会有一些美好的感觉,这种正面情绪也需要告诉对方,彼此之间有回馈,关系才会更亲密。当然,这样的表达必须是源自内心的感受,赞美必须是发自内心且根据事实,这样才有好的效果。

三、良好应对他人的情绪

在人际交往过程中还有一个重要问题就是如何应对和倾听别人的情感与情绪表达。面对他人的情绪,积极倾听和怀有同理心是有效的应对方式。

(一)积极倾听

倾听是一个复杂的过程,包括感官与心理过程,不仅要听到别人所讲,也要听到别人想要表达的深层含义。积极倾听包括生理专注与心理专注两个部分,生理专注指的是身体适度地向说话者倾斜,与对方保持眼神接触,保持轻松、自然的姿势与表情。心理专注就是专心倾听。

(二)怀有同理心

同理心简单地说就是"感同身受""将心比心",也就是站在对方的立场体会其感受,了解对方内心的感受想法,并且让对方知道。让别人感知到自己的同理心可以利用两个沟通技巧:简述语意与情感反映。运用这两个技巧的前提是真正了解他人的情绪。简述语意就是将对方所说的话用自己的话简单扼要地说出来,主要是让对方知道你可以了解他的意思。情感反映则是将所知觉到的对方的情绪或感受恰如其分地告诉对方。这种沟通方式能让倾诉者感受到来自被倾诉者的真诚支持、感同身受、充分理解与热情关注,可以有助于沟通取得积极的效果。

第五节 群体情绪

一、群体情绪的概念

上文我们所探讨的情绪大多数都是从个体角度进行的,也包括人际交往中的情绪与情感沟通。而从更宏观的角度来看,情绪还可能存在于群体层面,成为某一社会范畴下的社会成员所共同拥有的一种状态性体验。研究者发现,有的时候虽然一件事可能与某个个体并无直接关联(比如有一个 A 学校的学生听到一个 B 学校的学生正在嘲讽 C 学校),但依然可能会产生情绪反应(可能由于 A 学校和 C 学校具有某种共性)。群体情绪这一概念反应的就是此类在某些群体内部具有共性的情绪状态。不过,由于视角不同,群体情绪的定义在当前学界并不统一。陈满琪(2013)梳理了现存的三种主要观点。

第一种概念界定认为群体情绪是个体对于某一特定群体或者其成员所产生的情绪。简言之,每个人都会隶属于一些群体,这些群体对个体来讲即内群体,而自己不隶属的群体则为外群体。这种定义认为群体情绪来源于个体对于自身所在内群体和外群体之间的评估和比较。例如,一支在比赛中夺冠的球队的球员可能会对其他失败的球队产生轻视的情绪,这就是基于群体之间的关系而形成的群体情绪。

第二种概念界定强调群体成员身份的激活在群体情绪诱发中的作用,它将群体情绪界定为个体将自我认同为某群体的成员时所感知到的情绪。这种情绪不一定非要以内群体和外群体的对比为前提。例如,当我们想到自己是中国人的时候,我们的自豪感和爱国情感就会油然而生,这种体验的出现只需要我们认同自己的中国人身份即可出现。

第三种概念界定认为群体情绪的产生是这个群体中的每个个体情绪的总和。这一定义的群体情绪往往不需要设置特定的情境或者设立外群体,亦不需要进行社会认同显著性的测量,只需要确认个体的群体成员身份。

相较而言,前两种概念的情绪主体依然是个体,实质上还是个体情绪,是个体的群体身份或社会认同被激活后的个体情绪反应,应该属于个体的社会性情绪。只有第三种概念涉及作为一个主体的群体共有的情绪。一般而言,人们提到的群体情绪是第三种概念界定的群体情绪。

二、群体情绪的凝聚

群体情绪凝聚是指群体成员的情绪体验逐渐趋于一致的现象。群体情绪凝聚对于群体而言具有积极作用,能够加强群体凝聚力,提升群体工作效率。不过如果群体目标是有害的,群体情绪凝聚的结果当然也会走向负面。因此,有必要关注群体情绪凝聚的形成机制与影响因素。赵珍珍等人(2015)对群体情绪凝聚的产生机制及其影响因素进行了深入探讨。

(一)群体情绪凝聚的形成机制

1. 相似情绪体验

具有相似情绪体验的个体更容易聚集在一起而形成群体,这种心态被称为同质吸引。如果个体与群体其他成员的情绪反应图式不一致,个体就会产生不适感。为了摆脱这种不适,个体通常会采取一系列应对行为。

2. 情绪模仿

情绪模仿指的是个体具有自动化模仿、体验他人情绪的行为倾向。在一般的人际互动过程中,我们都会不自觉地模仿别人的表情、动作、语调、情绪等。在这个基础上,一个群体中的个体之间就容易出现在共同的群体任务中互相模仿的倾向。

3. 群体身份认同

群体身份认同是激活群体情绪的重要条件。当一个人把自身归属于某个群体时,他就会站在所属群体的角度考虑问题,从而体验到作为一个独立个体时不曾有过的情绪。群体身份认同与群体情绪凝聚有关,个体对群体身份的认同越强,就越有可能有意识无意识地同群体情绪趋向一致,最终走向群体情绪凝聚。例如某些公司强调企业文化建设,就是希望通过强化员工对公司的认同,让公司内部更加团结。

4. 群体规范

群体规范是群体内部存在的对事件的一致的解释策略及情绪表达规范。有时群体规范具有一定的强制力,塑造和规定着群体成员的情绪会如何产生,以及如何表达。例如,人们在参加葬礼时必须要按照当前送葬群体的共同规范来表现自己的行为,形成相应的情绪,这是大家约定俗成的规范,即使参与人和死者从未谋面,也应表现出悲伤情绪。

5. 情绪比较

情绪比较指的是当个体处在群体之中时,会根据群体中的其他人的情绪改变自己的情绪状态的现象,这当然也会促进群体情绪凝聚。特别是在某些不确定的情境中,人们会根据感知到的他人的情绪,灵活地调整自己。例如在童话故事《皇帝的新衣》中,广场上为皇帝的新衣欢呼的民众里面可能有人不存在赞美皇帝的情绪,但为了与大家保持一致,他会逐步改变自身的情绪,最终与众人一致。

(二)群体情绪凝聚的影响因素

除了上面已经介绍的动力机制外,还有一些影响群体情绪凝聚的外在因素,概括起来包括情绪特征、群体特征和个体特征三方面的内容。

1. 情绪特征

情绪特征是影响群体情绪凝聚的重要因素。相对于积极情绪,消极情绪更容易造成群体情绪凝聚,如悲伤比幸福更能影响群体中的其他成员并使得群体情绪趋于一致。即使都是负性情绪,群体情绪凝聚的效果也不一致。比如愤怒和懒惰都是消极的情绪状态,但愤怒比懒惰更容易出现群体情绪凝聚。

2. 群体关系

群体关系影响群体情绪凝聚,主要强调的是群体成员间的人际关系质量、情绪表达的倾向、任务关联性、群体稳定性,以及成员之间过往经历的一致性等变量都会影响群体情绪凝聚。简言之,群体成员彼此之间关系越近、共同点越多,就越容易形成一致的情绪体验。

3. 个体因素

群体情绪凝聚当然不仅仅取决于群体因素,还与每个群体成员的个人因素密切相关。个体调整自己情绪的能力就会对群体情绪凝聚产生影响。此外,个体的文化属性也会左右这一过程,处于集体主义文化下的被试会比处于个人主义文化下的被试更容易形成群体情绪凝聚。个人对群体的认同感越强,其与群体平均情绪水平的匹配度就越高。

三、群体情绪对个体行为的预测作用

社会情绪作为激发特定社会行为的前因,在群体情绪激发群体行为方面也有所表现。群体情绪一旦形成,就可以对群体的行动及群体中的个人行为具有预测作用。

从积极方面而言,积极的群体情绪可以预测群体及其成员的积极行为倾向。例如群体成员对内群体产生积极评价和认同之后,会增加对群体的认同及为了群体利益努力的倾向。从群体层面来看，积极的群体情绪可以带来更强的群体凝聚力、更好的团队表现，以及群体成员一致行动的可能性。而从消极方面来看，当一个群体产生负面的群体情绪之后，会表现为攻击、愤怒等破坏性的行为倾向。例如在研究中受到较多关注的集群行动，常常就以违反社会规则的方式来表达其诉求，展现出了较强的破坏力，其背后的心理机制还需要更多研究予以探索。另外，还有一种可能的情况是负面的群体情绪并不指向群体外部，而是指向群体内部。如当群体形象表现出明显的缺陷时，群体成员会形成共同的羞愧情绪，甚至导致成员退出群体或要求补偿；再如，当群体个别成员出现损害群体利益的行为时，可以引发其他群体成员的愤怒情绪，充满愤怒情绪的群体成员会产生惩罚集体利益破坏者的行为意向。

 思考题

1. 简述情绪与情感的区别与联系。
2. 浅谈你对情绪智力的理解。
3. 分析沙赫特的情绪三因素理论。
4. 论述情绪管理的方法。
5. 有效表达情绪、情感的原则有哪些？
6. 简述群体情绪的形成机制。

拓展阅读

第八章 社会态度

一个人的社会态度不是生来就有的,而是在后天社会化的过程中形成的。它具有一定的稳定性,但又不是一成不变的。随着主客观因素的改变,个人的态度也会随之发生改变,因此,态度一直是社会心理学研究的主题。

第一节 社会态度概述

一、社会态度的定义

人们对于自然现象(如花开、叶落)和社会现象(如竞争、学习)都会有各种各样的态度。社会心理学主要研究人们对社会现象的态度,称为社会态度(social attitude)。这里的社会态度与态度是同义词。

(一)态度概念的提出

态度(attitude)一词,源于拉丁语 aptus,具有两种基本的含义:其一,具有"适合"或"适应"的意思,指对行为的主观的或心理的准备状态;其二,在艺术领域中,这一概念指雕塑或绘画作品中人物外在的和可见的姿态。如果说第一种含义的"态度"是心理学的,那么,第二种含义的"态度"则称得上是解剖学的。

第一位在现代意义上使用"态度"这一概念的研究者是英国社会学家斯宾塞(H. Spencer)。1862年,斯宾塞在《第一原理》中写道:"在有争议的问题上达到正确的判断,主要依赖于我们在倾听和参与辩论时,头脑中具有的态度;并且,要保持正确的态度,我们就必须去了解普遍的人类信仰在多大程度上是正确的以及在多大程度上是不正确的。"

在斯宾塞使用"态度"这一概念之后不久,1888年,丹麦生理学家朗格在有关反应时间的实验中发现,被试是否有提前的精神准备会影响人对刺激的反应。这种预先的倾向或准备的状态被称作态度,朗格的经典实验后来被认为是涉及态度的最早的实验研究。继朗格之后,闵斯特伯格(H. Münsterberg)在1908年提出了有关注意的行为理论;1971年,弗雷(W. H. Frey)则主张,肌肉紧张的稳定条件是意识选择其方向的决定性条件。

上述研究为心理学家们界定态度创造了条件。洛开奇(M. Rokeach)把态度看作是一种具有结构性的复杂的认知体系,认为"态度是个人对于同一对象的数个相关联的信念的组织"(Rokeach,1968)。卡茨(D. Katz)认为,态度是"评价某个符号或对象的……倾向"(Katz,1960)。这类定义偏重认知方面,强调的是内在的信念组织。爱德华兹(A. L. Edwards)认为,态度是"与某个心理对象有联系的肯定或否定感情的程度"(Edwards,1957)。这样的定义偏重情感方面,强调的是赞成或不赞成、喜欢或不喜欢的表达。奥尔波特的定义是具有典范性的:态度是根据经验而组织起来的一种心理和神经中枢的准备状态,它对个人的反应具有指导性的或动力性的影响(Allport,1935)。

(二)态度的定义

态度比较完整的定义是迈尔斯(D. G. Myers)在1993提出的,他认为态度是对某事物或某人的一种喜欢与不喜欢的评价性反应,它在人们的信念、情感和倾向性行为中表现出来。所谓评价性反应即指对某种事物的价值予以评定的历程。与迈尔斯的定义基本相似的还有里帕的定义,他认为态度是对某一目标的一种评价性反应,是社会心理学研究的一个中介变量(Lippa,1990)。所谓中介变量(intervening variable)是指态度不是可触摸的具体客体,而是一种假设的建构,可以推断出来,但无法直接观察。例如,当人们支持自己选出的候选人时,当顾客在商店购买自己喜欢的香皂时,我们可以看到某种态度所引起的结果,但却看不到态度本身。

二、社会态度的构成

在对态度进行分析时,要涉及三个维度:认知,即态度的信念、认知部分;情感,即态度的情感特色;行为倾向,即态度的行为倾向性。这三个维度构成了态度的三个因素。

(一)认知因素

认知因素规定了态度针对的对象。态度总是依托于一定的对象,其对象可以是人、物、群体、事件,也可以是代表具体事物本质的一些抽象概念(如勇敢、困难等),还可以是制度(如婚姻制度、高考制度等)。如果笼统地说某人有善意的态度是不确切的,态度必须有明确的对象。如对自己兄长的态度、对学习的态度等。认知因素有好坏的评价与意义叙述的成分。叙述内容包括个人对某一对象的认识与理解以及赞成与反对,如善－恶、友好－不友好等判断。

(二)情感因素

情感因素是个人对某个对象持有的好恶情感,也就是个人对态度对象的一种内心体验,如喜欢－厌恶、尊敬－轻视、同情－冷漠等。根据多数理论家的观点,态度是评价性的,但它涉及喜欢与不喜欢。态度定义的中心论点是假定人们具有某种态度后,即有一种情绪上的反应。

(三)行为倾向因素

行为倾向因素是个人对某个对象的反应倾向,即行为的准备状态,准备对某对象作出某种反应。但行为倾向还不是行为本身,而是行为发生之前的思想准备倾向。

以上三个心理因素是相互协调一致的,态度中的认知、情感、行为倾向三个因素十分和谐,并无矛盾。但有些时候,态度的三个因素之间也会发生不一致的情况。当发生矛盾时,其中情感因素起主要作用。

三、社会态度的特征

早在20世纪初,帕克(I. Parker)就为态度确定了如下四个基本标准:①态度在对象(或价值)世界中具有明确的取向,并在这方面有别于简单的条件反射;②态度并不是一种完全机械的无意识的和习惯性的模式,但它能表现某种紧张的状态,即使这种状态还处在潜在的阶段;③态度在强度上有所变化,有时是影响个人行为的占优势的因素,有时则对个人行为没有什么影响;④态度植根于经验之中,因此,并不单单是一种社会本能。

根据帕克提出的标准,结合现代社会心理学中有关态度的其他论述,我们可以将社会态度的基本特征总结如下。

(一)社会态度具有对象性特征

理解社会态度的对象性特征可以从两个层面入手:从较为浅显的层面来说,个体或社会成员所具有的任何态度都是指向某一具体对象的,该对象可以是事,可以是物,当然也可以是人;而针对的人可以是自己,可以是他人,还可以是一个群体。这种明确的取向性,使得态度有别于个人对环境刺激作出的简单的条件反射。而从较为深入的层面来说,社会态度所具有的这种具体的对象性特征又使它有别于个体所持有的价值观念。价值观念相比较来说要比态度更为宽泛和更为抽象,可以体现为理论的价值、权力的价值、社会的价值和宗教的价值等,价值观念构成个体决策的抽象准则,可以作为个体持有某种态度的内在基础。因此,人的价值观念不同,对某一具体对象持有的态度也就可能不同。

(二)社会态度具有内在性特征

社会态度不同于社会行为,它是个体内在的一种心理构成,因此,不能从外部直接观察到,而只能间接地从一个人的表情、意向和行为中推知。罗森伯格(M. J. Rosenberg)和霍夫兰(C. I. Hovland)曾把态度看作是人所接受的刺激(态度对象)与可观察到的反应(行为)之间的一种内在中介。在以罗森伯格和霍夫兰的理论模式建构的图8-1中,刺激是一种独立变量,反应(包括情感、认知和行为)是一种依从变量,而态度则是一种中介变量(Rosenberg et al.,1960)。在此之中,人的情感、认知和行为影响态度,反过来,态度也影响着人的情感、认知和行为。这样的观点受到新行为主义者的明显影响,它表明作为一种内隐性心理结构的态度会影响到个体对刺激作出的反应。

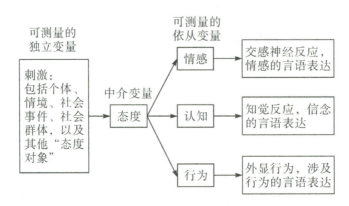

图8-1 罗森伯格和霍夫兰的态度中介作用图示

(三)社会态度具有持久性特征

社会态度是个体在后天的社会生活中形成的,一旦形成,它便具有相对的持久性。稳定的态度作为个体人格的组成部分,是不会轻易改变的。在态度的三种心理成分当中,情感成分最难以改变,因而也是最为持久的、内在的,它是社会态度的核心部分。

不过,应该指出的是,态度的形成并不是一朝一夕的事,它要经历一个相当的过程,而在这个过程的不同阶段中,态度的稳定程度是不同的,因此,它也就存在着不同程度上的变化的可能性。凯尔曼(H. C. Kelman)曾提出过一个态度变化过程的模式,认为态度的形成可经历服从、认同和内化三个过程(Kelman,1958)。服从是个体为得到报酬或避免惩罚而在表面上持有某种态度,认同是个体与其他个体或群体取得一致而自愿接受某种态度,内化则是真正把某种态度纳入自己的价值体系。显然,服从所掌握的态度是最不稳定的,而内化所掌握的态度是最为持久、稳定、难以改变的。

四、社会态度与行为

(一)社会态度与外显行为

有关社会态度与外显行为之间的关系的探讨几乎和对态度本身的研究一样历史长远。在心理学家们对态度发生最初的兴趣之时,大多数学者对态度和行为之间的关系基本上持肯定的意见,用当时流行的假设来说,一个人的态度决定了他的行为。举例说,某人支持某一政治家,就很可能去投他的票;某人觉得不该发展烟草工业,也就不太可能会吸烟。这样的假设提出的前提也极其简单,既然态度是行为的预先倾向或内在准备状态,我们当然可以通过态度来预测行为,那么态度研究自然是洞悉人类行为的最佳途径之一。这样的看法直接促成了20世纪30~40年代的态度研究热潮,包括各种态度量表的编制、对态度测量的关注,都与上述假设有着或多或少的关联。但是,上述假设并非没有遇到挑战。相反,早在30年代初,即在态度研究最兴盛的年月里,美国学者拉皮尔(R. T. Lapiere)就对态度与行为相一致的看法提出了疑义。

拉皮尔及其他一些研究者经过实验均得出了态度和行为之间存在着很大的不一致性的结论。

拉皮尔的结论引发了一系列的后继研究,也使得在心理学研究领域中关于态度和行为两者不相关的观点产生了争议。尽管人们为态度与行为不相关的观点提供了大量的证据,但相关论的证据也不断出现:在一项以我国台湾省已婚妇女为对象所作的调查中,要求被调查者对"你还想再要孩子吗?"的问题作出回答。三年以后发现,当时作出肯定回答的妇女,64%的人生了孩子,而当时作出否定回答的妇女只有19%的人生了孩子。另外一些有关党派态度和选举行为关系的研究也得出了类似的结论。

在这样的情形下,有关态度和行为相关的说法重新受到人们的重视。心理学家开始着力于说明在什么情况下,以及在什么样的前提下,态度和行为具有相关性。有人发现,当态度变得特别突出时,与行为的关联性可能就会增大;也有人发现,态度测量越是具体,与行为的关系就可能越大;而费希伯恩(M. Fishbein)和阿泽恩(I. Ajzen)则发现,要想通过态度来预见行为,所测量的态度应与所考察的行为相符(Fishbein et al.,1974)。他们提出一般的态度能够预见一般的行为,但却不见得能够预见特定的行为。

(二)社会态度与行为模式

为了能对特定的行为作出预测,1975年,费希伯恩和阿泽恩在他们提出的合理行动理论的基础上提出了如图8-2所示的"预测特定意图和行为的模式"。在他们看来,人会考虑到自己行为的含义,大部分行为都是受意识控制的。因此,一个人是否出现某一特定行为的最直接的决定因素是意图。意图又取决于两种变量,一是行为者对该行为的态度,二是行为者的主观行为规范,它由个体所知觉到的特定的行为期待构成。

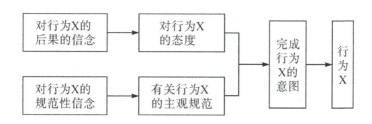

图 8-2 预测特定意图和行为的模式

在这一模式中,态度是个人对特定行为的态度,而不是个人对一般对象的态度。因此,我们可以通过这种特定态度和主观规范来预测一个人的特定行为。另外,必须注意的是,一个人的行为和行为的结果是两回事。行为受个体行为意图的控制,而行为的结果则超出了个体的行为意图的控制范围。所以,想做不想做是一回事,做到没做到则是另一回事。

五、社会态度形成的影响因素

社会态度的形成实际上是一个社会化的过程,是个体在后天的社会生活环境中通过学习而逐渐形成的。因而,个体态度的形成受到社会生活环境中各种因素的影响和制约。此外,态度形成的过程可以描述为通过联想、强化和模仿等学习方式不断学习的过程。

(一)环境因素

1. 社会环境

一个人自出生开始直到生命的终结都生活在一定的社会环境之中,并受到社会环境的影响。这种影响主要是通过社会规范、准则的要求和约束,各种思想观念的宣传和教育,文化的熏陶等方式进行的。

社会环境对个体态度形成产生的影响具有一系列特点:第一,是一种有选择的影响,只让个体了解或接触符合社会要求的态度;第二,是一种持久的影响,往往伴随人的一生;第三,是一种多元化的影响,即社会环境的不同方面或不同因素对个体态度形成的影响往往是不一致的,甚至是矛盾的;第四,是一种宏观的影响,对人们的态度起着导向作用,对个体态度形成的要求和约束也往往是一般意义上的。

2. 家庭环境

家庭环境对个体最初态度的形成的影响是最重要的。父母的教养方式对个体态度的形成及其今后态度的变化和发展具有决定性的作用。个体早期形成的态度往往会一直保持到成人期,有些态度则可能会影响人一生的发展。

家庭及父母的影响还通过家庭成员之间的人际关系以及家庭成员共同生活的方式表现出来。除了以血缘关系为基础形成的长幼关系之外,还包括相互之间的情感关系。情感关系较融洽,则互相之间的影响就较大,在态度上也易趋于相近或相同。此外,家庭成员共同的生活方式对孩子态度的形成也具有显著影响,从小就生活在一个充满民主、平等气氛家庭中的孩子,容易形成良好的与人相处的态度,长大会更倾向于用平等的方式与人相处,用民主的方式解决问题。

但是,我们不应该过分强调家庭环境的影响。随着孩子年龄的增长,父母的影响也开始减弱。从青春期开始,孩子的态度便开始变得多样化。这是因为从青春期开始,各种新影响更多进入孩子的生活,同辈群体、各种团体和大众传媒对孩子的影响与日俱增。

3. 同辈群体

随着年龄的增长,同辈群体逐渐成为重要的参照群体,对个体的态度产生重要影响。个体开始经常把自身所持有的态度观点与同伴的态度、观点作比较,并以同伴的态度、观点为依据来调整自己原有的态度。

4. 团体

个人所属的团体也对其态度的形成具有重要的影响作用。团体是通过特定的行为规范和准则来约束和限制其成员的。每一个加入团体的个人都必须遵守团体规范,在言行上与团体保持一致。因此,团体可以利用其对成员的影响力来促进成员态度的形成和转变。

但是,团体对个人影响力的大小是因人而异的。如果团体对其成员有很强的吸引力,则成员就更愿意遵守团体规范,团体对个人的影响力就越大;反之,则团体对个人的约束力就比较小。如果个人在团体中处于较高的地位,则其感受到的团体规范的压力就越大,团体对他的影响力也相对较大。

此外,参照群体对人态度形成的影响也是很大的。这是由于参照群体具有很强的社会比较和规范功能。

5. 大众传媒

大众传播是以报刊、图书、电影、广播、电视等为手段面向大众的一种信息沟通方式。社会通过大众传媒将社会规范、价值标准、文化传统以及对某一社会事件的态度传递给公众,从而使公众形成符合社会要求的态度。

(二)个体学习方式

人的社会态度不是生来就有的,而是在后天社会化的过程中习得的。具体地说,是通过联想学习、强化学习和观察学习这三种基本的学习方式得以形成。其中联想学习与强化学习分别以古典条件作用理论、操作性条件作用理论为基础。

1. 古典条件作用理论与联想学习

古典条件作用理论是由俄国生理学家巴甫洛夫(I. P. Pavlov)创立并完善的。他通过狗的唾液分泌实验,区分出了无条件反应和条件反应。由无条件刺激引起的本能反应称为无条件反应,如食物会导致狗唾液分泌。由条件刺激引起的动物本能反应称为条件反应。

条件反应的出现必须建立在无条件反应的基础之上,即当无条件刺激引起动物本能反应的同时,伴随着一种条件刺激的出现,反复多次之后,只要一出现条件刺激,就会引起动物的本能反应。如在食物导致狗唾液分泌的时候,伴随铃声的出现,反复多次之后,只要一出现铃声,狗就会分泌唾液。巴甫洛夫认为,动物之所以能够对条件刺激作出条件反射,就在于动物凭借联想的过程在刺激之间建立了联系。(Pavlov,1927)

古典条件作用原理被用来说明态度的习得过程。例如,小孩有时会有吃手指的不良习惯,如果父母在孩子每次吃手指时都给他讲述吃手指有多脏,会导致疾病之类的话,并让他看一些生病的小孩难受的照片,反复多次之后,孩子在每次吃手指时就会联想到父母的话和那些生病的小孩痛苦的表情,从而产生对吃手指的恐惧和厌恶的态度,改掉吃手指的不良习惯。在这个例子中,正是通过联想学习使小孩建立起了对不良习惯的厌恶态度。此外,古典条件作用原理还可以用来说明态度的泛化现象。个体常常会在相似的对象之间建立联想,因此,也会将对某种事物的态度扩展到其他相近的态度对象上。在上例中,孩子可能将对所有与吃手指相近的不讲卫生的习惯表示厌恶。

2. 操作性条件作用理论与强化学习

操作性条件作用原理,也称为工具性条件作用原理,是由斯金纳(B. F. Skinner)创建的。他认为,人类的学习都是建立在操作和强化的基础上的(Skinner,1938)。操作行为是指那些作用于环境从而产生结果的行为,行为本身的结果就构成了个体行为的强化刺激物。如果个体采取某种行为作用于环境得到的是积极的结果,即得到了正性的强化,则个体在今后出现同样的环境条件时就会表现出同样的行为;反之,如果个体行为导致的是消极的后果,即得到了负性的强化,则个体在今后出现同样的环境条件时就会避免同样行为的出现。因此,只要掌握了行为结果所具有的强化作用的内在规律,就能有效地控制人们的学习行为。

强化原理也可用于解释态度的习得过程。英斯科(C. A. Chester)等曾在实验中用言语的强化来研究态度的习得(Chester et al.,1965)。研究结果发现,那些受到正强化的学生所表达出的态度不仅其基本观点没变,而且在程度上更为强烈;而那些受到负强化的学生所表现出的态度,虽然其基本观点也没有大的变动,但在程度上则明显不如受到正强化的学生强烈。

3. 观察学习

观察学习的基本含义可界定为:"一个人通过观察他人的行为及其强化结果而习得某些新的反应,或使他已经具有的某种行为反应得到矫正。同时,在这一过程中,观察者并没有对示范反应进行实际的外显操作。"即个体通过对他人态度和行为的观察,将其言行记忆在头脑中,并且在以后遇到相类似的环境时模仿他人的行为表现。在观察学习中,观察的主体称为观察者,被观察的对象称为榜样,榜样对观察者具有很强的示范作用。如在儿童社会化的过程中,树立一些符合社会规范的榜样具有特别的意义。

通过观察而进行的学习是依靠模仿来实现的。模仿效果取决于观察效果;对他人行为的模仿也受到强化因素的影响,这种强化可以是个体自身所持有的自我强化,可以是外界施加于个体的直接强化,也可以是从他人被强化的事实经验中感受到的替代性强化。个体对他人行动有一个较好的观察,加上强化作用的激励,就能够较好地进行模仿学习。

上述三种不同形式的学习是态度习得的主要途径,各自具有不同的特点和作用。一般地说,个体态度的习得是在这三种学习的共同影响和相互作用下进行的。

第二节　社会态度理论

根据基本观点和研究方法的不同,社会态度理论大致可以分为五个类别。

一、社会学习理论

社会学习理论中关于态度转变的基本观点认为,人们态度的转变过程实际上是一个学习的过程,是在强化原理的支配和控制下所进行的特定刺激与特定反应的联结过程。在特定刺激和特定反应之间,不能忽视个体本身的作用。因此,在改变他人态度时,不仅要了解刺激与强化作用的特性,还要了解作为中介环节的个体的情况,如个体过去的强化经历。只有这样,才能有效地促使他人转变态度。

因此,在社会学习理论指导下进行的有关态度转变的实证研究一般分为两个方面:一是注重对强化的研究,力求总结出一套精确的强化法则;二是注重对刺激以及个体特点的研究,力图具体探讨刺激的来源、刺激本身的性质、刺激作用的过程以及刺激接受者这几方面的因素对态度转变的影响。

总之,态度转变的社会学习理论并未超越行为主义学习理论的范围,它不是一个具有特定概念、原理和法则的独立的理论体系,而只是行为主义学习理论在态度转变领域的应用。

二、认知平衡理论

认知平衡理论的创始人是美国社会心理学家海德(F. Heider)。海德从人际关系的协调性出发,认为在一个简单的认知系统里,存在着使这一系统达到一致性的情绪压力,这种趋向平衡的压力促使不平衡状况向平衡过渡,并且这种过渡遵循着最小付出原则。

海德提出了 P-O-X 模型,指出人们的认知系统中几种评价态度或感情之间有趋向一致的压力。P 是认知者,O 为认知的另一个人,P 和 O 建立了一定的感情,X 则是与 P 和 O 有某种关系的某种情境、事件、观念或第三个人。它体现的是一种简单的交往情境,P、O、X 这三者具有情感或态度上的某种联系,态度可以有肯定和否定之分。如图 8-3 所示,反映在 P 的认知结构中的这一个三角关系可以是平衡的,也可以是不平衡的。当三方关系均为肯定,或两方为否定,一方为肯定时,认知便处于平衡状态,否则认知便处于不平衡状态。认知的不平衡状态会产生心理的紧张,造成恢复平衡的心理压力,从而导致改变态度、求得平衡。

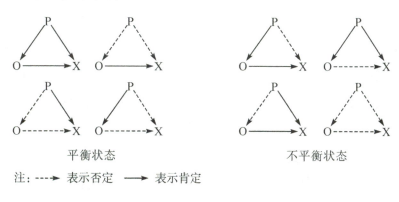

图 8-3 认知的平衡与不平衡状态

这一理论的中心思想是,认知处于平衡状态时,能引发一种满意状态;当认知处于不平衡状态时就力求趋向于平衡,或改变现存的某种认知因素,以校正不平衡。

海德突破了传统格式塔心理学只从主体与客体关系上考察个人认知的局限,把人际关系引入认知研究领域,以极其简便的模式从主客体及主体与他人的多重关系上来研究认知,在 20 世纪五六十年代的社会心理学界独树一帜。但是,这一带有前导性的社会认知理论也引起了诸多批评:首先,人们普遍反映海德虽然将社会知觉和人际关系相联系,但他却未能对人际关系本身作出令人满意的说明。确实,用 P-O-X 模型来说明整个纷繁复杂的人际关系本身就是十分牵强的。这就像人们讥讽的那样:"我喜欢吃鸡,鸡喜欢吃糠,那么,按海德的说法,我是否也喜欢吃糠?"其次,P-O-X 模型是按照"全或无"(all or no)的原则来确定三因素之间的全部关系的,因此未能涉及正或负的关系的程度,而这种关系程度通常是各种关系的极其重要的指标(安德列耶娃,1984)。

三、认知失调理论

认知平衡理论促使人们从认知的角度再作进一步的思考,由此出现了各种不同的学说,其中尤以费斯廷格的认知失调理论最为著名(Festinger,1957)。在这一理论中,费斯廷格提出,每一认知结构都是由诸多基本的认知元素构成的,而认知结构的状态也就自然取决于这些基本的认知元素相互间的关系。他以极其简单的方式将这种关系还原成三种可能性(假定只有两种认知元素):①协调,此时两种元素的含义一致,彼此不相矛盾;②不相干,此时两种元素互不牵连;③不协调,此时两种元素彼此矛盾。不协调或曰失调是有程度上的区别的,主要体现在两个方面:其一,不协调的程度同某一认知元素对个人生活的重要性成正比,显然,亏了一元钱和丢掉了一份满意的工作造成的失调程度是不同的;其二,不协调的程度还取决于一个人所具有的不协调认知的数目与协调认知的数目的相对比例。综合这两个方面可以获得以下公式:

$$\text{不协调程度} = \frac{\text{不协调认知数目} \times \text{认知项目的重要性}}{\text{协调认知数目} \times \text{认知项目的重要性}}$$

这一理论同上述认知平衡理论的主要区别有二:其一,它不像认知平衡理论那样重社会认知,轻社会行为;其二,它不像认知平衡理论那样将认知不平衡或失调视为认知结构的反常状态,相反,它认为认知失调是人的认知系统的一种正常状态,由于不同的认知元素各有其相对独立性,所以认知矛盾或认知失调是不可避免的。

在这样的思想的指导下,费斯廷格在《认知失调理论》一书中提出了有关认知失调理论的两大基本假设。

第一条假设指出,作为一种心理上的不适,不协调的存在将推动人们去努力减少不协调,并力求达到协调一致的目的。这意味着,认知失调将会造成特定的心理压力,并使人产生一种求得协调的动机。具体来说,减少不协调的具体途径有三:①改变行为,使主体对行为的认知符合态度的认知。如知道"吸烟有害"的人会努力戒烟。②改变态度,使主体的态度符合其行为。如认为"我比谁都聪明"但又"考试常不及格"的人,改变自我评价,改为"我学习很吃力"故"考试常不及格",这样就能够协调起来了。③引进新的认知元素,如认为"我比谁都聪明"但又"考试常不及格"的人,可以通过找各种借口,如强调自己运气不好或复习未抓住重点等,消除不协调感。

第二条假设则指出,当不协调出现时,除设法减少它以外,人们还可以能动地避开那些很可能使这种不协调增加的情境因素和信息因素。

在认知失调理论提出后的10多年里,包括费斯廷格本人在内的许多心理学家围绕该理论进行了一系列的实验研究。其中最著名的有以下两项实验。

一项是费斯廷格等人1959年进行的"被迫依从"实验(Festinger et al.,1959)。他们让被试从事一系列枯燥无味的工作,接着诱使他们撒谎告诉别人工作很有趣,付给被试的报酬或者为1美元,或者为20美元,最后询问被试怎样评价之前所做的一系列枯燥无味的工作。结果拿1美元报酬的被试比拿20美元报酬的被试更积极地评价了那一项工作。对这种用传统的学习论解释不了的现象,费斯廷格的解释是,仅拿 1 美元报酬的被试认知失调的程度要高于拿 20 美元报酬的被试,所以,他们改变态度的可能性就更大。

另一项实验是布雷姆(J. W. Brehm)1966 年进行的"心理对抗"实验。他通过实验证明,当一个人相信自己是在自由地从事一项习惯的行为时,如果他的自由被取消或受到取消的威胁,就会产生心理抗拒现象。抗拒的程度与这样两个因素成正比:①被取消或受威胁的自由的重要性;②该种自由行为的比例。而这种心理上的抗拒可视为是一种旨在重新确立被取消或受威胁的自由的动机状态。

四、自我知觉理论

贝姆(D. J. Bem)于 1967 年提出了自己对态度和态度转变的看法,认为人们通过对自己行为的归因来知觉事物,并对事物抱有某种态度。

归因理论强调人们怎样知觉自己和怎样知觉他人。个体倾向于把导致消极结果的行为归因于环境条件,即向外归因;而当行为导致积极的结果时,个体则倾向于向内归因,认为是自己的功劳的结果。观察者对他人行为结果的知觉表现为对其能力的知觉和对他试图去做的动机的知觉,当一个行为不适当的个体,其失败的原因被看作是由于缺乏能力而不是缺乏努力时,他会得到较肯定的知觉。

贝姆提倡以归因理论来说明态度转变的心理机制,即自我知觉理论。在上述介绍的"20 美元/1 美元实验"中,他认为被试态度的改变就和归因密切相关。在他自己的实验中,贝姆让被试听一盒磁带,录音对"20 美元/1 美元实验"进行描述,要求被试估计录音中被试对那个令人厌烦的任务的态度,结果是听录音的被试判断得到 1 美元奖赏的被试会具有一种比较肯定的态度,因为大的奖赏被归因为说谎的较大理由(即工作确实很枯燥)。

五、态度转变三阶段理论

态度不同于一般的认知活动,它具有情感等因素,比较持久、稳固。因此,态度的转变需要经历一个较为复杂的过程。凯尔曼于1961年提出的态度转变三阶段论将一个人态度转变的过程描述为服从、认同、内化三个阶段。

(一)服从

服从是一个人按照社会要求、群体规范或他人意志而出现的行为,其目的是达到某种物质或精神的满足或避免被惩罚。服从通常是外在压力作用的结果,不是个人的自愿选择,因此,由服从造成的态度转变只是暂时的、表面的。但是,被迫服从成为习惯后,就变成了自觉服从,从而产生相应的态度。例如,不能随地吐痰的规定,可能个人开始并不习惯,但是为了逃避罚款的压力,只好服从。天长日久,人们就养成了习惯,不随地吐痰的态度亦随之形成。

(二)认同

在这一阶段,个体态度的转变不再是表面的,而是自觉自愿地接受他人的观点、信念、态度和行为,并有意无意地模仿他人,使自己的态度和他人的要求相一致。也就是说,态度在这一阶段已比服从阶段进了一步,由被迫转为自觉接受,只是新态度还不能和自己的态度体系完全融合。

(三)内化

内化是态度转变的最后阶段。在这一阶段,个体就完全地从内心相信并接受了他人的观点,并将他人的观点、态度完全纳入自己的价值体系中,成为自己人格的一个组成部分。到了内化阶段,个体的态度已经发生了彻底转变,不再需要具体的、外在的榜样来学习,形成的态度也比较稳固,不易再改变。

第三节　社会态度的转变

社会态度往往具有预测行为的作用,因为态度改变了,其行为也会随之发生改变,所以研究态度转变具有现实意义。

一、影响态度转变的因素

霍夫兰(C. I. Hovland)和韦斯(W. Weiss)曾经提出一种态度转变的模式,这是社会心理学界公认有效的态度转变模式(如图8-4所示)。霍夫兰指出,影响态度转变的因素有四个,即宣传说服者变量、信息变量、渠道变量,以及信息接受者变量。从图8-4中可见,不仅每种变量可影响态度转变,而且各个变量之间亦有相互作用。

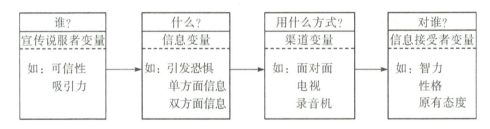

图8-4　态度转变模式

(一)宣传说服者变量

宣传说服者的可信性、吸引力等影响着人们态度的转变。霍夫兰做了一个关于宣传说服者的可信性对人们态度转变的影响的经典实验(Hovland,1951):

> 设立两组被试,让他们听一篇有关建立核动力潜艇的实用性争论的文章,实验者告诉一组被试,该文章为一位著名的物理学家所写;告诉另一组被试,该文章系摘自某家小报

（研究者认为前者可信性较高，后者可信性较低）。实验者宣读完毕后即刻测量被试态度转变的情况，结果表明，宣传说服者的高可信性能更多地转变被试的态度。研究者认为，这一研究显示出，宣传说服者的可信性往往比信息本身的逻辑性与合理性更重要。

宣传说服者的变量如可信性、吸引力经常被用于广告中，效果良好。如商业广告中常常出现名人。

霍夫兰发现，宣传说服者的可信性的影响在其信息刚刚传递后的效果最大，时间一久，就逐渐变小，然而原来低可信性的宣传说服者的影响却随时间的推移而上升，参看图8-5。这种现象称之为睡眠者效应（或事后效应）（sleeper effect）。学者们研究了影响睡眠者效应的一些因素，发现当宣传说服所提供的信息伴有含糊性的暗示

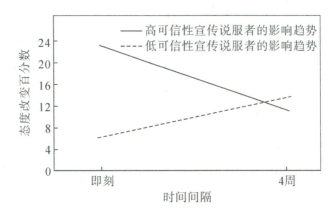

图8-5 睡眠者效应示意图

时，或者当有强烈暗示影响人们更快更好地记忆信息内容时，睡眠者效应就容易产生（Greenwald et al.，1988）。

(二)信息变量

信息本身的内容对宣传说服的影响力及态度的转变均有重要影响。

1. 单方面信息与双方面信息

当人们和宣传者所提倡的方向保持一致时,并且人们在这方面的知识经验不足时,宣传单方面信息比较合适。当人们早已具备比较充分的知识经验而且习惯于思考和比较时,双方面宣传可以向人们提供更多信息以帮助人们权衡利弊得失。

霍夫兰曾在第二次世界大战中以美国士兵为被试进行了实验。当时士兵有厌战情绪,希望早日结束战争,于是,研究者在他们中间进行了关于态度转变的研究。宣传的内容是"美国和日本交战的时间要延长"。霍夫兰对一部分士兵宣传时,只从单方面分析延长战争的必要性,如"从美国本土到太平洋盟军基地的补给线很长,不容易迅速传送各种配给品",而且"日本控制了不少当地资源,日本军队人数多、士气高,日本人有武士道精神等",因此战争至少要持续两年。实验者对另一部分士兵除宣传上述内容外,还强调了不利于日方继续作战的因素,如"盟军海军力量强于日本,在过去两次海战中日本海军损失惨重"等,但是战争还是不能很快结束,和日本的战争至少还要持续两年。

研究结果表明:对于文化程度低的士兵来说,单方面的宣传容易转变他们的态度,他们都接受了这一观点;对于文化程度较高的士兵来说,进行正反两方面宣传的效果好。此外,士兵最初的态度和宣传者所强调的方向一致时,单方面宣传有效;若最初态度与宣传者的意图相矛盾时,双方面宣传更有效。

目前许多商业广告都是一边倒的单方面宣传,从社会心理学角度来看,对一些知识经验丰富或受教育程度较高的人来说,并不能发生多大作用。但它确实也会使一些人相信,甚至有些商品广告靠言过其实、夸大其词而蒙骗了一些人。

2. 信息引发的恐惧程度

信息的传布必须使人们的内心感到有压力与威胁,只能听从劝告转变态度。也就是说,说服宣传必须晓以利害,但又必须理智地、实事求是地提供信息。

> 贾尼斯(I. L. Janis)和费斯巴哈(S. Feshbach)1953年进行了一系列的实验研究。他们使用三种不同的宣传方式说明龋齿和身体健康的关系。第一组以强硬的讲解方式,说明牙齿腐烂引起的痛苦和感染;第二组用中等强硬的方式讲解;第三组用温和的方式诉说。三种不同程度的宣传方式能引起三种不同程度的恐惧:第一组显示出强烈的恐惧;第二组显示出中等程度的恐惧;第三组显示出轻微的恐惧。结果最注意口腔卫生的是第三组(38%),第一组改变态度的人最少(8%)。他们还曾以吸烟成瘾的人为被试,把他们随机分为甲、乙两组,让甲组观看吸烟致癌的患者肺部溃烂情况的录像(做手术时录制),从而形成高恐惧;让乙组观看X光照片并听取讲解,从而形成低恐惧。甲组想戒烟的人占36.4%,乙组想戒烟的人占68.8%。

有学者指出,上述实验证明的高恐惧无助于态度转变的情况是较少的,大量的实验材料都证明恐惧、害怕有助于态度的改变(Higbee et al.,1982),他们还针对注射破伤风疫苗进行实验,以中学生为研究对象,把被试分为三组,分别接受不同宣传,以引起不同程度的恐惧(高度恐惧、中度恐惧、低度恐惧),结果态度转变的人分别占39%、31%、15%。日本学者原岗也重复了这一实验,结果相同。这说明,信息所引发的恐惧程度越高,则态度越容易转变。

上述两种不同的结果说明,信息发生的情绪作用与理智作用是不同的,因此信息引起恐惧的程度必须依据要求态度转变的轻重缓急而确定。如果需要人们立即采取行动转变态度的话,则宣传应该能引起较强烈的恐惧心理,使这种恐惧心理转化为一种动机力量,以激发人们迅速改变态度。例如,上述注射破伤风疫苗的宣传使人们认识到如果不注射疫苗,后果严重,从而很快转变态度。如果宣传者要求人们可以延长一段时间改变态度,则不必过分强调危险,因为虽然恐惧心理随时间的推移而逐渐消失,但人们在理智上却是清楚的,而且会越来越认识到应该重视它,转变原先的态度。例如,吸烟致癌的宣传,过分渲染严重性反而会让人们产生抵触情绪:认为不吸烟的人也会得肺癌,或认为即使患癌,只要早发现、早治疗也不会有危险。但理智上终究认识到吸烟有致癌的风险,应该戒烟,但迟几天问题不大。由此可见,情绪性作用和理智性作用对于态度的转变随问题的性质而有所不同,值得宣传说服者重视。

(三)渠道变量

宣传说服可以通过许多渠道,包括面对面,以及大众传播媒介,如报纸、杂志、电视、录像、公众号等。其实,没有绝对最好的渠道,它们各有优点,适合于不同的目标和目的。

1. 面对面

这一渠道的效果很好。这是因为面对面地宣传说服更具体、更有针对性、更引人注意,可以激发人们对信息加以更多思考和关注。

2. 大众传播媒介

大众传播媒介的主要优点是它可以迅速地将信息传达给许多人,印刷品如报纸、杂志、书面材料等所阐述的内容有助于人们更好地理解,尤其是当信息内容非常复杂时,这一优点更为明显,人们可以反复阅读,避免遗漏或误解信息。如果信息简单的话,那么视听方式的效果更好(Chaiken et al., 1976),因为视听信息有利于人们集中注意力,从而迅速接收信息。

专栏 8-1　宣传说服者吸引力与态度改变

有一个实验比较了各种大众传播媒介的传播效果(Chaiken et al.，1983)。实验材料是关于大学准备收取高额学费并减少助学金的信息,宣传渠道是书面、录音及录像,让各组被试通过一种渠道接收,实验中又增加了一个变量,即宣传说服者本身吸引力的大小。然后测量各组被试态度变化的程度并加以比较。结果显示,态度转变的强度既与获取信息的渠道有关,又与宣传说服者的吸引力大小有关,如图8-6所示。

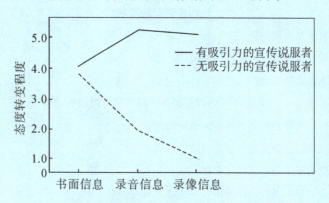

图8-6　宣传说服者吸引力对态度转变的影响

图8-6表明,宣传说服者若具有吸引力,则他在录音、录像中更具说服力;若无吸引力,则他在书面信息中较具说服力。

（四）信息接受者变量

上述霍夫兰等人的研究中,还探讨过信息接受者的许多变量,其中包括智力、认知需要、人格特质(如自信)、性别等。一些学者认为这一研究结果相当复杂和不稳定,可能因为这些变量在态度转变的不同阶段会发生不同的作用(Cacioppo et al.，1982)。

1. 智力

智力水平高可能增进人们对信息的理解,但却会降低他们接受信息的程度。研究表明,对复杂而合理的信息,高智商者较低智商者更易被说服,而对简单的信息则不然。

2. 认知需要

人们的认知需要有个体差异,这对宣传说服的效果发生作用,卡西奥波(J. T. Cacioppo)等人制作了一份认知需要测验问卷。

认知需要测验得高分者喜欢思考,并力求理解外来信息;得低分者喜欢使用捷径,较少思考。研究表明,认知需要得分的不同与其态度转变的强度呈正相关。

认知需要测验问卷

1. 我更喜欢复杂的问题。
2. 我喜欢应付需深入思考的情境。
3. 思考不是我所喜欢的。
4. 我愿做少思考的事,而不愿做对我的思考能力具有挑战性的事。
5. 我尽量避免使自己陷入需要深思的境地。
6. 我在艰难而仔细地思考中获得满足。
7. 我只想到我不得不想到的程度。
8. 我更喜欢思考那些琐碎的而非终极性的日常问题。
9. 我喜欢做那些简单而用不着思考的事情。
10. "靠思考得以进取"这观点我挺感兴趣。
11. 我确实喜欢一项包含有新的解决方法的任务。
12. 学习新的思考方式并不令我兴奋。
13. 我喜欢设法解决生活中的难题。
14. 抽象思维对我有吸引力。
15. 我喜欢做一项需要智慧的、困难而重要的事情。
16. 完成一项需要大量思考的任务后,我感到很轻松。
17. 我只要知道怎样完成这项工作就够了。
18. 即使这问题对我个人没什么影响,我往往也愿意去思考。

一项研究的对象是大学女生,首先测定她们的认知需要分数,然后让她们阅读一份有关提高学费的调查报告,一组女生阅读争论强烈的报告,而另一组女生则阅读争论微弱的报告。研究结果表明,认知需要得分高的女生更易为争论强烈的意见书所说服。由于前者喜欢思考,更可能看到强烈争论中所包含的正确的内容。参看图8-7。

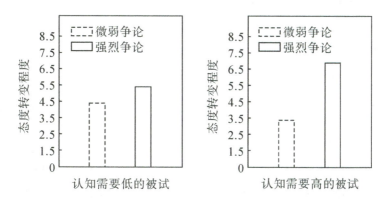

图8-7 认知需要对其态度转变的影响

3.人们原有的态度

宣传说服者的信息能否被对方接受,与所传递信息与信息接受者原有的态度的距离有关。在一定范围内,距离越大可能态度改变也越大,但超过一定的理性判断范围,则可能效果甚微。

> 博赫那(S. Bochner)和英斯科(C. Insko)1966年的一项实验很能说明问题。他们研究被试已有的态度与要求转变的态度之间距离的大小对态度转变的影响。实验者先询问被试认为最恰当的睡眠时数应该是多少(即原先认为每天应该睡多长时间,平均为7.89小时)。然后把被试分为九组,每组发放一篇3页长的文章,文章提倡由于健康与工作效率的关系,每人每天的睡眠时数应该为几个小时。九个组所获的文章中要求的睡眠时数各不相同,分别从0小时到8小时。实验者还让被试知道文章的作者是一位获得诺贝尔奖的著名生理学家。被试看完文章后,实验者发放了有两个问题的问卷:①你是否相信作者所讲的道理?②现在你认为最适当的睡眠时数是多少? 在一定范围内,文章提倡少量睡眠时数时,被试态度上能稍作转变。例如,文章提倡每天只用睡3小时,被试将适当睡眠时数从原来的7.89小时下降为6.6小时。但超过了一定的限度,则被试就会坚持原来的立场。例如,文章认为每天只需睡2小时、1小时乃至可以不睡,则被试仍坚持要睡7小时以上。(Bocher et al.,1966)

二、两种宣传说服路线

宣传说服主要有两种路线,即中心路线和外围路线。

(一)中心路线与外围路线的含义

中心路线(central route)是突出信息中所包含的优点、性质、合理性等方面,通过系统的讨论以激发人们进行思考的方法。例如,关于计算机的广告很少由知名影星或杰出的运动员去宣传,而主要是向顾客提供有竞争力的特征和合理的价格。研究者指出,有些人更具有分析能力,他们喜欢思考问题,并细致地解决问题。这类人不只依赖于争论中证据的说服力,而且还依赖于自己对这些论据的认知与加工,通过深入思考后,改变的态度可以持续较久。

外围路线(peripheral route)是宣传说服者向人们提供线索,使之未经深入思考就接受。例如香水广告,一般都是使产品和美丽、舒适的形象相联系,很少提供产品本身的信息,即使是喜欢分析问题的人也常常接受这种简单的启发式宣传说服方法。如果宣传说服者表达清晰、吸引力强,有良好动机的话,就宜用外围路线进行宣传说服。

(二)态度转变中两种路线的比较

中心路线和外围路线在态度转变过程中所起的作用是不同的。

首先,研究表明,中心路线的说服效果比外围路线更持久。因为通过中心路线转变态度是比较困难的,必须通过大量的思考;而外围路线基于暂时的、表面的和不太本质的信息的提示,基于宣传说服者的可信性与吸引力,这些信息提示所发生的影响可能很快减少。

其次,经中心路线改变态度后其行为能被更好地预测。因为通过中心路线转变态度是来自有目的的思考和精细加工,可能有助于自我觉察,因此人们有意去思考或留心自己的态度,使得他人能更好地预测其行为。另外,通过中心路线转变态度时,信息接受者是受自己逻辑思维加工的影响,而更少地随情境变化,因此,其行为能被更好地预测。两种路线的比较见表8-1。

表8-1 态度转变的两种路线比较

两种路线	路线特点	态度转变过程中所受的影响	态度转变的效果
外围路线	被试依据外部线索本身而较少思考	宣传说服者的可信性和吸引力 信息的表面特征 宣传说服的次数	态度转变微弱而短暂,根据态度较难预测其行为
中心路线	被试对信息内容反应积极并作认知加工	信息接受者的认知反应 信息接受者的逻辑判断 宣传说服的质量	态度转变相对强烈、较持久,可由态度预测其行为

(采自 Cacioppo et al.,1984)

从表8-1可知,如果依靠外围路线宣传说服,那么必须加强宣传说服者的外部形象,重视信息的表面特征,并增加宣传说服的次数,以加深人们的印象,促使其态度转变;如果依靠中心路线宣传说服,那么必须引导人们思考信息的内容,而不是着重于说服的次数。因此,要使人们走中心路线,一个办法是使宣传说服信息与人们的利益有高相关,从而促使人们注意信息内容,以转变其态度。

中心路线与外围路线在人们的日常生活中都很重要,商业广告和销售过程中就会大量使用外围路线进行宣传说服。

三、促进态度转变的方法

(一)角色扮演法

一些个案研究发现,一个人的某些特殊经历能大大改变其态度,例如,一个人在酒驾导致的车祸中幸免于难,从此他不再饮酒。为了能够主动地获得这样的态度转变,心理学家通过角色扮演来"制造"

类似的经历,例如,让吸烟的妇女扮演癌症病人的角色。剧情是:医生告诉患者一个坏消息,她患了癌症要立即进行手术,那些扮演肺癌患者的妇女的台词是问一些有关手术的问题,比如手术失败后会怎样,等等。实验之后,参加过角色扮演的那些人吸烟量大大地减少了,而那些只从录音中听到同样故事的人吸烟量变化较小。无论如何,情绪冲突和吸烟者易患肺癌的事实对吸烟者态度的转变会有一定影响。

(二)团体影响法

团体的影响力是不可否认的。

一个有趣的扔废弃物的实验显示了团体的影响。这个实验的主题是:一个地方现有废弃物的多少是否会影响人们在此扔废弃物的行为?当被试走进一个公共车库时,有人递上一张传单。实验显示,车库地上被丢弃的传单越多,人们越可能把手中的传单扔在地上。显然,别人在此扔废弃物意味着这里不严格禁止扔废弃物。因此,一个公共场所保持得越清洁,就越不需要经常打扫。

(三)利用"登门槛效应"

一般情况下,那些同意接受较小请求的人,接下来更有可能同意接受较大的请求,即登门槛效应:一旦让他人的一只脚跨入门槛,他就能利用你的承诺增加你随后的依从性。

专栏 8-2　登门槛效应

那些挨家挨户推销商品的推销员们早就知道,只要他们能进了你家的门,你答应先看看或尝尝他们的货,买卖就算做成一半了。这就是登门槛效应(foot - in - the - door principle),指一个人如果答应了别人一个较小的要求,随后便可能答应一个较大的要求。比如,有关部门问你,能不能在你家门前安放一个又大又难看的交通安全标牌,你可能会拒绝;但如果你同意先竖一个小的标志牌在那里,随后有一天你就可能允许在你家门前放置那个大的标志牌。

(四)示范

有学者想知道：在刚刚目睹他人相互帮助的情景后，人们是否更倾向于帮助其他有困难的人？为了回答这个问题，他们在繁华的街道上停放了一辆瘪了一个车胎的福特牌汽车，一名年轻的妇女站在旁边，一个充满气的车胎靠在小汽车上。这是控制条件。经过的2000辆汽车，只有35辆汽车停下来帮助这名妇女换车胎。在实验条件下，在离测验地（停放瘪了车胎的汽车处）400米外停着另外一辆汽车，一名妇女站在一旁看一名男士为她的汽车换轮胎。结果显示，目睹过这种帮助情景的2000辆汽车中有58辆停下来帮助妇女换轮胎。这就是示范相应的结果会使人的态度发生转变。（Bryant et al., 1986）

第四节 社会态度的测量

态度是一种内在的心理倾向，它无法被直接观察到，但可以通过某些方法和技术间接地测量出来。心理学家在一开始研究态度之时，特别是在态度能够预示行为的观点支配下，十分注重对态度的测量，热衷于发现和确定态度，提出了许多态度测量的理论和技术。首先提出态度测量的是社会学家鲍格达斯（E. S. Bogardus），紧接着是心理学家瑟斯顿（L. L. Thurstone）。前者于1925年公布了著名的"社会距离量表"，后者不但在1926年提出了"态度能够被测量"的结论，而且于1929年在与蔡夫（E. J. Chave）合作出版的《态度测量》（又译为《观点的确定》）一书中首次公布了一种测量宗教态度的量表。从那以后，各种态度测量的方法和技术纷纷出现，到目前为止已达数百种之多。这些测量方法主要包括量表测量和非量表测量两大类。

一、量表测量

态度量表是测量态度的主要工具。量表是由社会心理学家根据特定的态度对象、采取科学的设计程序加以编制的,然后通过被测量者的自陈或自我报告来评定其对特定对象的态度。常用的量表有如下几种。

(一) 瑟斯顿量表

瑟斯顿量表的编制程序是十分复杂的。假设我们测量被试对宗教的态度。先要围绕宗教问题制定一系列的项目,包括多达100条以上的有关宗教问题的陈述。这些陈述在意义上不能模棱两可,并且要能概括问题的全部范围,即在一个连续轴上从强烈赞同到中立再到强烈反对。把这100条以上的陈述交给300名判定者,让他们将这些陈述按序分配到代表态度变量的一个虚构量表中,该量表可为7个、9个或11个等级。在这个由7个、9个或11个等级构成的连续统一体中,一端代表强烈赞同,一端代表强烈反对。等300名判定者都完成分配后,就能计算出每一陈述的量表值。如果使用的是7分等级,任何落入第一等级的陈述都具有量表值1,而落入其他等级的陈述也具有相应的量表值。这一过程的最终结果是形成一套20条左右的陈述。

瑟斯顿量表的编制过程十分复杂,但使用过程比较简单,受测者只需要根据量表作出选择即可。

瑟斯顿量表曾被有效地运用于测量对战争、死刑、宗教等的态度,但这种测量方式也受到了人们的批评。批评集中在这样两个方面:其一,瑟斯顿的基本立足点有问题,因为他假设在一个量表的单个连续轴上能够准确有效地标明个体的态度差异;其二,编制过程过于复杂,用霍兰德的话说,"它太浪费时间并且不实用"。

(二)李克特量表

李克特量表的简便之处在于它基本没有使用判定者。

李凯尔特量表的计分方法是累加法,具体的做法是,先从被试那里收集有关的态度反应,然后给每一反应标上量表值,接着,通过计算每位被试所选立场的平均值来确定他的得分。事实上,由于每位被试所选陈述的数量是一致的,所以经常计算的是被试的总得分而不是平均分。这种总得分代表被测量者对特定对象的态度,得分越高,态度就越趋于肯定。

(三)语义差异量表

语义差异量表着重分析特定对象所具有的隐含意义,是奥斯古德(C. E. Os-good)等人在20世纪50年代制定的。实验者根据所要测试的问题设计一套双极形容词(如好的和坏的、美的和丑的)来编制问卷的量表,将每对双极形容词分别写在一个连续轴的两端。每一个连续轴可以有5级也可以有7级,分别代表人们对某一对象的各种态度水平。将被试的选择累加起来,即可得到被试的态度。

二、非量表测量

量表测量法有许多优点,但也有自身的局限。量表测量的基础是被测量者的自我报告,但是,如果被测量者对自己的真实态度进行掩饰,或者对测量不认真,测量的结果就会有问题。为了避免这类问题,社会心理学家采取各种办法,比如规定不记名、说明测量的科学意义等,但有时仍难以克服上述局限。在这种情况下,另一些研究者便在态度测量中发展出了一些不使用量表的测量方法。

(一)自由反应测量

自由反应测量的特点是给出开放式的问题或刺激物,但不提供任何可能的答案让被测量者选择,而是让被测量者依据自己的情况去确定答案。可采用问答法,测量者提问,被测量者回答,其缺点是不够精确。也可采用投射法,如,主题统觉测量,测量者给出意义不明确的刺激物,如图案等,再通过被测量者的反应来推测其态度,其缺点是解释的难度较大。

(二)行为反应测量

行为反应测量的特点是以被测量者的行为举止作为态度的客观指标来加以观察,其基本假定为行为是态度的外在表现。例如,通过身体距离、目光接触等非言语的沟通来测定人们的态度。这种测量不直接涉及被测量者的态度,不易被本人觉察,可获得较可靠的资料,但问题在于行为与态度并非简单的一一对应关系。

(三)生理反应测量

生理反应测量的特点是通过检查被测量者的生理变化来测定其态度。因为态度可以引起机体的一系列生理反应,像瞳孔、心跳、呼吸、血压、皮肤电的改变。生理反应不易受意识控制,故相对来说较为可靠,但这种测量的局限在它只能测量极端的态度,并且难以识别态度的方向。

 思考题

1. 简述态度的构成。
2. 分析态度形成的影响因素。
3. 简述认知失调理论。
4. 举例说明中心路线与外围路线的含义。

拓展阅读

第九章 社会影响

每个人的一生,都是在不同的群体与社会中度过的,个体总是社会群体的一员,不仅从属于社会群体,且在不同的社会群体中占有一定地位,扮演一定角色,并形成独立个性;同时,也与其所在社会群体发生相互作用与相互影响。

第一节 社会群体和社会影响

一、群体的含义

群体是什么?是电影院中共同观看一部电影的观众,一个旅行团共同出游的旅客,还是火车上共同乘车的乘客?在思考上述问题的基础上,社会心理学家通过确定群体的基本特征来进行科学界定。有研究者认为,群体是由两个或更多相互作用和相互影响的个体所组成,所有的群体都有一个共同的特征:群体成员间有互动行为,而且群体的存在是有原因的。例如,为了满足某种需要而构建的群体,或者为实现统一目标而产生的群体等。按照这一特征,观看同一部电影的观众、同一列火车上的乘客只能算一个人群的集合体,而不是一个真实、互动的群体。还有学者认为,一个人群是否能被界定为一个群体,关键是它的所有成员之间必须有一种可观察到的和有意义的联系方式,而个体间的互动使人们成为一个为共同目标而努力奋斗的群体。群体可以是一群以某种方式紧密相连的人,或是通过某种纽带联系在一起,并具有不同程度内聚力的一群人。

基于上述观点,我们将群体(或团体)定义为:群体是由若干人组成的,为实现特定目标而相互依赖、相互影响,并遵守群体行为规范的人群结合体。

二、群体结构

群体中的个体并非都处于同样的地位,也并非承担相同的任务,有研究者发现,一个儿童群体在经过三四次接触以后,便会建立一些正式的规则:每个孩子谁该坐什么位置,谁能玩所有的玩具,当大家在一起的时候活动顺序怎么安排。这些就是群体的结构。群体结构的三个重要成分是社会规则、社会角色和社会地位。

(一)社会规则

群体中的社会规则即群体规范,是群体中明文规定或约定俗成的、对个体施加影响的因素,用以指导和规范成员的行为,只有遵守群体规范的成员才有可能获得群体中的地位和其他利益。

(二)社会角色

群体中的社会角色即群体角色,是在群体中与一定社会位置相关联的符合社会要求的一套个人行为模式。在一个群体中,并不是所有的人都会做同样的事,起着相同的作用。不同的人需要完成不同的任务,扮演不同的角色。无论群体中的角色是如何获得的,人们都倾向于把获得和扮演的角色与自我概念相联系,进行角色内化,并且在行为中体现角色期望和特征。

(三)社会地位

群体中的社会地位主要是指群体中的位置和等级。群体中存在着地位差异,地位不同,群体成员的权利与义务也不相同。主张进化论的心理学家普遍认为,在生存和繁衍上,地位高的人比地位低的人更容易获得食物或配偶。简言之,地位实际上是群体给成员的一种奖励,也是群体影响的一种表现。

三、群体功能

人们常常说,人是一种社会性动物,必须归属于一定的群体才能获得心理的满足。满足群体成员的心理需求既是群体存在的重要意义,也是群体的重要功能。具体来说,群体可以在以下几个方面满足成员的心理需求。

(1)让成员有归属感:归属感成员所具有的一种属于所属群体的感觉,比如落叶归根就是个人归属感的体现。

(2)让成员有认同感:指群体成员对一些重大事件与原则问题的认识与群体的要求相一致,个体往往把群体作为自己社会认同的对象。

(3)提供社会支持:当个体的思想、行为符合群体要求时,群体往往会加以赞许与鼓励,从而强化这种思想与行为。得到群体的社会支持是个体心理健康发展的重要条件。

第二节 从众行为

一、从众行为

有一段十分传神的文字可以体现人们的从众心理:突然,一个人跑了起来。也许是他猛然想起了与恋人的约会,现在已经迟到很久了。不管他想些什么吧,反正他在大街上跑了起来,向东跑去。另一个人也跑了起来,这可能是个兴致勃勃的报童。第三个人,一个有急事的胖胖的绅士,也小跑起来……十分钟之内,这条大街上所有的人都跑了起来。嘈杂的声音逐渐清晰了,可以听清"大堤"这个词。"决堤了!"这充满恐惧的声音,可能是电车上一位老妇人喊的,或许是一个交通警察喊的,也可能是一个男孩子喊的。没有人知道是谁喊的,也没有人知道真正发生了什么事。但是两千多人都突然奔跑起来。"向东!"人群喊叫了起来。东边远离大河,东边安全。"向东去!向东去!"……社会心理学家发现,很少有人会在众口一词的情况下还能坚持自己的不同意见。公然表达与群体不同的意见,做一个与众不同者并不是一件容易的事情。很多时候,面对人们的群体行为和情感,个体常常会改变自己的观念或行为,使之与群体的标准相一致,这就是我们所说的从众。社会心理学家很早就对从众充满了兴趣,因此社会心理学关于从众行为的实验研究很多,除了经典性实验研究外,还有许多重复研究。

(一)谢里夫的研究

谢里夫(Sherif)最早利用游动错觉(autokinetic effect)对个人反应如何受其他多数人反应的影响进行了探索性研究。所谓游动错觉,是指在黑暗的环境中,当人们观察一个固定不动的光点时,由于视错觉的作用,这个固定不动的光点,看起来好像前后左右地在移动。

谢里夫研究的基本假设是:其一,每个人都可能产生游动错觉;其二,观察者要精确地估计光点游动的距离是相当困难的。谢里夫在实验室内模拟游动效果。他让被试坐在暗室里,在距被试有一段距离的前方,呈现一个固定不动的光点。被试都产生了光点在运动的错觉,然后他让被试估计光点移动的距离。谢里夫发现,当被试分别在暗室里单独估计光点移动的距离时,各人判断的差异量极大,如有的被试估计光点移动了5厘米,而有的被试则估计光点移动了近20厘米,甚至有一个被试认为光点移动了200多米。这是由于被试在缺乏可供参照的背景条件下,分别建立了自己独立的参照系统。而当许多被试在暗室里一起估计时,差异量变得很小。显然,这是因为受到他人的影响,被试以别人估计的距离作为自己判断的参考依据,建立了共同的参照系统和准则规范,从而表现出从众行为。

在进一步的实验中,谢里夫研究了是否可以通过系统地影响被试,使其判断与其他人的判断相一致。他让被试在一个两人小组中进行判断,小组中的另一人为实验助手。实验者事先对助手进行训练,使他们的推测一致比被试高或者低。在一系列的实验之后发现,被试推测的数值会和实验助手的十分相近。谢里夫的实验研究显示了在不确定或模糊的环境中,人们倾向于与始终保持一致的同伴所建立的标准相一致。

虽然谢里夫的实验证实了从众行为的存在,但是很多人对从众仍然将信将疑,因为人们觉得,错觉本身就是一个不确定的感觉,即使是最擅长独立思考的人,在面对模糊不清、模棱两可的刺激时,也会倾向于参考他人的判断结果,特别是当人们对信息没有把握,又担心被别人嘲笑不聪明时,就更有可能选择和他人保持一致。所以,谢里夫的实验所证实的从众现象可能仅仅是一种信息性影响,被试面临的任务越是模棱两可,信息性影响就会越显著。

(二)阿希的研究

由于对模糊的实验材料得出的实验结果心存疑问,阿希设计了一系列的实验来验证他的假设:当个体的判断与群体所达成的判断有明显冲突的情形下,从众行为发生的概率要低于谢里夫在实验中观察到的概率。然而令他惊讶的是,他的实验不仅证实了他的假设,也证实了即使在被试认为群体思维不正常的情况下,仍然有相当多的一部分人选择了遵从群体的判断,这一研究结果使他的实验成为最经典的从众实验。

7名大学男生一起参加了这项实验,其中6人是实验者的助手

(即假被试),只有一人是真正的被试,而且总是被安排在倒数第二个回答。几个被试围桌而坐,面对两张卡片(如图9-1所示),依次比较判断图片2中的a、b、c三条线段中的哪一条与图片1中的标准线段等长。实验要求被试按照座位的顺序大声报告自己的判断。18套卡片共呈现18次,前几次判断,大家都作出了正确的选择,这时的实验看起来是毫无意义和无趣的。然而从第7次开始,假被试故意作出错误的选择,实验者观察被试的选择是独立的还是从众的。面对这一实验情境,被试在作出反应前需要考虑以下三个问题:是自己的眼睛有问题,还是别人的眼睛有问题?是相信多数人的判断,还是相信自己的判断?在确信多数人作了错误判断时,能否坚持自己的独立性?

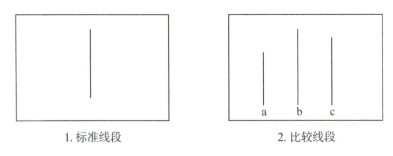

图9-1 阿希从众实验使用的卡片

实验者记录被试的每一次选择,然后加以统计分析。阿希在1951年开始实施这一实验,在1956年、1958年又重复了这项实验,结果如下:

(1)当被试只有一人(没有假被试)时,错误概率小于1%。

(2)当被试在众人都选择错误答案时,平均有37%的被试也会跟着作出错误的决定。

(3)事后询问被试选错答案的原因时,都回答受群体压力影响,不得不跟别人一致。

实验结束后,实验者询问被试其作出错误选择的原因,从被试的回答中,可以将错误归纳为三种类型。

(1)知觉的歪曲。被试的确发生了错误的判断,把他人(假被试)的反应作为自己判断的参照点,根据别人的选择而辨认"正确"的答案。

(2)判断的歪曲。被试虽然意识到自己有可能是正确的,但却认为多数人总比个人要正确些,发生错误的肯定是自己。这种情况下的从众最为普遍。

(3)行为的歪曲。被试虽然确认自己是对的,错的是其他多数人,但在行为上却仍然跟着多数人作同样的错误选择。

在阿希的实验中,信息性社会影响并没有被看作是从众压力的主要原因,虽然某些信息性社会影响在该实验中确实起到了一定的作用,但是人们从众的主要原因还是为了避免在众目睽睽下出丑。社会心理学家称之为规范性社会影响,或者说是一种避免遭到可能来自其他人的非难、尖刻的评论以及其他社会制裁(如冷言冷语、排斥)的愿望。出于对可能发生的后果的担忧,人们尤其不愿违反社会规范,或者至少是那些他们最在乎的亚群体规范。在阿希的实验中,规范性社会压力是如此之强烈,以至于被试们发现自己处于一种极度扭曲的困境之中,无论是对自己的判断还是对即将遭受到的来自同组被试的评价都产生了极大的怀疑,所以为了避免与多数人不一致而要承担的后果,如此高比例的被试选择了不去冒险之高。

(三)其他从众实验

阿希的实验引发了大量其他关于从众的研究。例如,克拉奇菲尔德(Crutchfield)的实验。他请一些陆军军官判断所呈现的星形和圆形哪个图形面积较大(如图9-2所示)。事实上,圆形的面积比星形的面积大三分之一。结果每当军官看到其他人(实验者的同伴)都说星形大时,46%的军官都赞同群体的选择而产生了从众行为。

图9-2 从众实验

为了比较从众行为有无文化因素的差异,验证阿希实验的可靠性以及在中国的适用情况,中国学者重复了阿希的实验。实验以30名大学生为被试,实验情境依照阿希的实验。研究结果与阿希的实验结果类似,即中国人同样表现出感知方面的从众反应,并获得以下几个结果:

(1) 有44%的人发生了从众行为,55%的人未发生从众行为。

(2) 有两个被试从头至尾都表现出从众反应,另两个被试自始至终未发生从众行为,表现出独立性。26名被试不同程度地发生从众行为。

(3) 实验观察表明,开始时表现出从众行为的人次较少,随着实验的继续进行,从众行为亦随之增加,反映出从众行为者的数量与实验次数有一定的函数关系。

实验过程中研究者观察了被试的表情:①表现出独立性行为的被试回答果断、毫不犹豫。②每次都表现出从众行为的被试,表现为不假思索地人云亦云。③其余被试表现为犹豫不决,实验开始时,有的认真地用手比量卡片上的线段,有的还揉揉眼睛,也有的先表示怀疑,但越往后发生从众行为的人越多。

实验结束后,实验者对不同类型的被试分别作了访谈,请他们回忆自己在实验过程中的思考过程。表现出独立行为的一个被试说："尽管许多同学与我判断不一致，我还是深信自己的判断是正确的。"另一个被试说："我发现只有我一个与众不同，但我知道他们是错的，我不愿顺从。"每次表现出从众行为的被试说："我看到别人怎样说，自己也就跟着怎样说，有几次我看出是不对，但别人都这么说，我就跟着说了。"其余的被试有的说："开始我坚持，后来看大家的判断都与我不一样，我就怀疑自己的眼睛有问题，有点害怕是自己看错了，所以也就顺从大家了。"进一步的调查发现，始终坚持自己的意见，表现出独立行为的两个被试，是家庭中的长子长女；而缺乏独立性，每次都表现从众行为的两个被试，家庭中都有兄姐，这可能是由于长子长女在家庭中独立自主地处理事务及问题的机会较多，所以从众较少；而家庭中有兄姐的人，由于经常处于追随地位，因而容易从众。

（四）对从众实验的评价

尽管苏联心理学界对于从众行为的实验研究有诸多批评，如认为从众行为实验中的群体，是由互不相识的个体临时组成，并非自然条件下形成的群体，是"冒充群体"；实验材料是对于个人并无重要意义的线段的长短或图形的面积，与现实生活中人们面临的情境相距甚远，因此其实验结果根本不能用于研究现实情境。但是，阿希的从众实验确实显示了它的规律性，只要在阿希的实验情境里，人们必然会产生从众行为，这在许多国家和地区如黎巴嫩、巴西、津巴布韦、挪威、加拿大、日本等的重复实验中都得到了证实。我们甚至可以认为，人们在临时拼凑的群体中，尚且会因为群体压力而产生从众行为，那么在真实的情境中，即在各个体之间相互熟悉的情境中，当群体中大部分成员发生相同行为时，就更有可能对个体造成巨大的压力而迫使其发生从众行为。

二、影响从众行为的因素

经典的从众实验解答了一些问题,但也提出了一些新的问题:既然人们有时从众,有时不从众,那么他们什么时候会从众,又为什么从众?是否有一种人特别容易从众?阿希以及后来的研究者对影响从众行为的因素进行了深入探索,发现从众行为的产生依赖于许多因素,主要是群体因素、情境因素和个人因素。

(一)群体因素

1.群体规模

当群体规模在一定范围内增大时,从众发生的可能性就会增加。在阿希的早期实验中,他将群体规模(假被试人数)进行了改变,从2人增加到12人。他发现假被试为2人时,对被试造成的压力比1人时大,3人时比2人时造成的压力大,4人时与3人时造成的压力大致相似。令人惊奇的是,假被试人数增加到4人以上时并不能显著增加从众行为。于是他认为,在实验条件下,假被试在3人或4人时,被试最容易出现从众行为。

由于上述实验都是在人为的情境下由假被试故意作出错误判断而导致被试发生从众行为,因此阿希认为,如果假被试人数过多,反而容易露出破绽,并不能增强实验效果。但是在真实的社会生活中,如果赞成某一观点的人越多,或采取某一行动的人越多,则社会压力就越大,越容易使人们发生从众行为。

有研究者曾经让其同伴在一条热闹的街道上仰头看对面楼房第62层的窗户,当1人仰头看时,停下来看的过路人只有4%;当5人仰头看时,停下来看的过路人上升到16%;当10人仰头看时,上升到22%;当15人仰头看时,则达到了40%。

有学者研究了耶路撒冷汽车站的排队现象,得出了类似的结果。研究发现当有2个人或4个人排队时,新来的乘客很少去排队;当排队的人有 6 人以上时,新来的乘客一般也会跟着去排队;排队的人越多,则其他人越倾向于排队。

2. 群体凝聚力

群体凝聚力是指使群体成员留在群体内而对他们施加影响的全部力量的总和。实验研究证实从众行为会因个体和群体之间结合力量的强弱而发生改变。群体的凝聚力越强,对群体内成员的影响就越大,不从众的个体受到的群体排斥就会更强,而群体成员发生从众行为的概率也就会更高。高凝聚力会使群体成员相信自己所处的群体正在完成一项重要的目标,感觉群体成员之间可以友好合作,并且希望可以从这个群体中得到回报。这样的群体比那些凝聚力不高的群体更容易受到从众压力的影响。

3. 群体的一致性

当群体中的意见并不完全一致时,从众的数量会明显下降。甚至当群体中只有一个人与其他人不一致时,从众的数量也会降低至正常情况下的四分之一。在阿希的初始实验中,当真被试有一个盟友时,从众的概率降低至 5%,盟友的存在降低了信息性的影响,让真被试对自己的判断更有信心,同时也降低了规范性的社会影响,让他觉得自己不再是孤军奋战。有趣的是,阿希以及其他学者在后续实验中发现,打破群体一致性的人并不需要给出正确的答案,只要他与群体的答案不同,就能帮助真被试从被群体孤立的压力下获得解放,从而能够发表更有价值的言论。之所以会这样,首先是因为"反从众者"的出现使得人们对于多数人意见正确性的信任程度和信心下降;其次,人们通常不愿与群体背离,因此一个单独的反对者一般不愿意站出来表示反对意见,但是如果有一个支持者,这种背离就不再显得那么孤独和弱势,从而降低从众的概率。

(二)情境因素

影响从众行为的情境因素主要包括信息的模糊性、判断结果的公开性、预先表述和权威人士的影响力等。情境因素对人们的从众行为也发生重要作用。

1. 信息的模糊性

早期的研究发现实验材料越模棱两可、任务越困难,人们越容易从众。克拉奇菲尔德改变了阿希的实验条件,实验中呈现了性质不同的、模糊性程度不等的五种实验材料。其中,在简单明了的线段长度比较实验中,从众概率为30%,而在模糊难辨的星形与圆形面积比较实验中,从众概率升高为46%。

2. 判断结果的公开性

虽然在很多情况下,人们都认为自己的判断是正确的,群体的判断是错误的,但是一旦要求他们作公开表态,他们就会给出和他人一样的错误答案。为了研究匿名条件下的从众行为,多伊奇(K. W. Deutsch)设计了公开和匿名两种情境下的实验。结果发现前一种情境下的从众概率为30%,后一种情境下的从众概率为25%。由此可见,匿名情境降低了群体压力,削弱了被试的孤立感,同时也降低了从众概率。

3. 预先表述

多伊奇以被试意见表达的明确度为指标,控制了四种不同情境的实验条件,在请被试比较线段长短之前,要求A组被试对卡片上的线段不作明确表述,B组被试略作表述,C组被试较明确表述,D组被试明确表述。实验结果表明,被试对个人意见的事先表述与从众行为的发生密切相关。个人的预先表述越明确,从众的概率越低,反之则相反。(见表9-1)

表9-1 预先表述与从众行为的关系

组别	预先表述程度	从众概率(%)
A	不作明确表述	24.7

续表

组别	预先表述程度	从众概率(%)
B	略作表述	16.3
C	较明确表述	8.7
D	明确表述	5.7

4. 权威人士的影响

无论是人类,还是其他灵长类动物,权威的作用都是客观存在的,就连黑猩猩都更可能模仿群体中地位较高的成员的行为。权威人士的行为对于从众行为有很大的影响力。研究发现人们更容易听从权威者的意见,而忽视一般成员的观点。高地位者之所以能影响低地位者,使之屈服于群体规范,乃是因为人们认为高地位者有权力和能力酬赏从众者。此外高地位者比低地位者显得较自信能干,经验丰富,能得到较多的信息,这样,就更容易得到信赖。这些因素综合在一起,使高地位者成为权威人物,而低地位者不得不表现出从众行为。

(三) 个人因素

从众行为的产生主要有两个原因:一是为了做正确的事情,二是为了被喜欢。因此,当人们认为群体成员是正确的并且希望被群体所喜欢和接受时,就会更容易出现从众行为。人格特征对从众行为的发生有重要影响。

虽然尚未明确从众行为与人格之间的关系,但是心理学家们仍然坚信从众行为具有复杂的人格基础。个人的智力、自信心、自尊心以及社会赞誉需要等个人心理特征与从众行为密切相关。研究表明,被试解答非常简单且答案确定的题目时,只有15%的人从众,解答较为简单且答案较为确定的题目时,有20%的人从众,解答不太简单且答案较为复杂的题目时,有36%的人从众。这说明个人的自信心可以减少从众行为,问题越困难,则自信心越低,越容易从众。有较高社会赞誉需要的人,比较重视社会对他的评价,希望得到他人的赞许,因此也容易表现出从众倾向。

人们通常认为女性比男性会发生更多的从众行为。有些学者在不同形式的实验条件下证实女性的从众概率为28%,男性为15%;一些学者综合了几个实验,也证实了女性比男性更易从众。男女之间从众倾向的差别,多年来或多或少地被人们作为一种生活中的事实而普遍接受。

然而,近期的研究质疑这一结论。研究者指出,过去的实验研究之所以得出女性比男性更容易从众的结论,是因为实验材料多为男性所熟悉而为女性较生疏的,后来选择了对男女均适用的材料作为实验材料,结果表明两性间的从众差异很大程度上是受两性所面对的具体内容的影响。女性和男性在各自不熟悉的实验材料上,都表现出较高的从众倾向;而对那些熟悉程度相仿的实验材料,从众比例差异很小。有研究者把实验材料按内容分为三类:一是男性熟悉的如足球运动、汽车驾驶等;二是女性熟悉的如育婴常识、烹调技术等;三是男女同样熟悉的,即中性材料。三类材料分别以问卷形式提出问题,并且在每一问题之下都标明以往参加这一实验的多数人的答案。要求男女学生270人各自回答问题。结果表明,男女被试对自己所不熟悉的内容都表现出很高的从众率;对自己熟悉的内容则表现出较低的从众率。由此可见,两性之间在从众行为方面差异很小。

三、研究从众行为的意义

从众行为既有积极的一面,也有消极的一面。对从众现象的研究,可以促进人们维护社会秩序和发扬良好的道德风尚,抵制不良的社会风气和消除不正确的思想观念。对于社会上的良好时尚,就要大力宣传,造成一种社会舆论,从而引发从众行为。例如,广泛进行全民健身、全民卫生的宣传,引发人们的从众行为。早在阿希选用大学生作为被试进行从众研究,发现较多从众现象时,就曾经担忧地指出:"我们发现在我们的社会中,从众的倾向性是如此的强大。那些聪明的、善良的年轻人很容易就把白说成黑。这是我们所担忧的。"也就是说,如果对社会上的一些歪风邪气、不正之风不加以遏制,任其泛滥,就会使一些意志薄弱者随波逐流。例如,盲目攀比、不劳而获的不良风气会使一些人行为不端。

研究从众行为还可以减少不正确的群体决策的发生。人们从这些研究中应该看到,任何一个群体内总有一小部分成员对群体的准则或决议持有不同观点,这完全是正常的现象。我们在对多数派意见的作用进行强调的同时,也要看到少数派影响的重要性。早期研究表明少数派的不同意见可以减少从众行为的发生。而近几年从众行为研究的新进展主要就是试图去探寻少数派造成的影响。在群体中若能听到不同意见,甚至是反对意见,就能够引起大家的思考,有利于预防群体中的不良倾向。

第三节 竞争与合作

长期以来,社会互动作为人的社会行为的主要表现形式,一直为社会学家和社会心理学家所关注。研究者从不同角度对人们的日常互动进行了探讨。在有的互动形式中,互动双方都有类似的行动,双方彼此的行为相互依赖、相互制约,我们把这种方式称为对称性社会互动,如竞争和合作;而在一些互动形式中,互动双方的关系不是对等的,这就是非对称性社会互动,如集群行为。

一、竞争概述

竞争在社会生活中是最常见、最普遍的一种社会现象。个人与个人之间、群体与群体之间经常会发生激烈的竞争。研究表明,群体之间开展竞争可使每个成员拥有更高的创造性;在个人竞争条件下,多数人只关心自己的工作,相互支持缺乏。多伊奇曾设计过一个现场实验,比较两种个人竞争和群体竞争的效果。他以大学生为研究对象,从志愿者中选出条件相似的 50 人,分为 10 组,每组 5 人,其中 5 个小组在小组内部开展个人竞争,5 个小组在组与组之间开展群体竞赛。结果发现在群体竞争的条件之下,小组成员能够及时交流,相互理解,相互支持,单位时间内的效率也较高。研究说明,群体之间的竞争有利于群体内建立和谐的人际关系以及成员创造性的发挥。

那么,究竟什么是竞争?竞争是个人或群体的各方力求胜过对方的对抗行为,若一方成功,则另一方就失败。

二、合作概述

合作乃是指至少两个人在工作、休闲或社会关系中通过相互帮助以实现共同的目标、享受合作的成果,或增进友谊。

多伊奇指出,合作有三种心理上的意义。第一种是相互帮助。就是指参与合作的所有成员的行为是可以相互替代的。如果一个成员已经完成达到特定目标的某项行为,其他成员就不必重复同一行为;如果一个成员无法完成某种行为,从而阻碍特定目标的实现时,则其他成员可以替代他完成,表现为相互帮助。第二种是相互鼓励。成员彼此为完成任务而肯定对方。若成员的行为能促使本群体更加接近目标时,则该成员的行为能为其他参加者所接纳,并受到他们的喜欢与鼓励。例如,一个足球守门员接住了对方的球,其他队员就夸赞他,为他庆贺。第三种是相互支持。是指合作群体成员的行为能促使群体更接近共同目标时,则其他成员会接受并支持他的行为。

总而言之,在合作条件下,人们彼此之间表现为亲密友好的关系。多伊奇做了一个简单的实验,他要求一半被试以合作为基础讨论问题,该组被试将会被给予同样的成绩;要求另一半被试以竞争为基础,按照每个人所作出的贡献给予不同的成绩。实验结果表明,合作组的成员之间协调一致,友好团结,竞争组的成员之间则很少沟通。

三、正确对待竞争与合作

关于竞争与合作的作用,一向是有争议的。有的强调竞争的作用,有的则重视合作的作用。

竞争和合作各有特点。竞争对于提高个人工作效率来说,作用是显著的;而合作则能够有力地协调人际关系,进而提高工作效率。其实合作与竞争往往密不可分,竞争的同时也往往蕴含着合作,一个群体在竞争中取得优势的重要条件之一就是要有良好的内部合作。因此可以说竞争与合作相互依赖,缺一不可。

社会生活中确实充满着竞争。但任何竞争都要适度,适当的竞争有助于提高工作效率,但是如果它被过分强调,以致损害了其他目标,就会对集体精神和集体道德有所破坏。需要注意的是,在今日的世界,合作比起竞争对大局有更重要的作用。在文明世界中的人们,真正需要学会的本领是有成效地进行合作。因此,我们应当设置适当的奖励方式,鼓励个体在活动中根据活动目标调整策略,正确地认识竞争和合作的作用,在适度竞争中提高效率。

思考题

1. 何谓群体?其结构成分主要有哪些?
2. 分析从众行为及其影响因素。
3. 简述竞争与合作之间的关系。

拓展阅读

第十章　心理健康

当今社会,随着生活节奏的加快、社会竞争的加剧、文化多元及价值冲突的加深,"心理健康"已经成为一个使用频率越来越高的词语。如何衡量心理健康,如何看待心理问题,以及如何增进心理素质,提高自身应对心理困扰的能力是人们颇为关注的问题,本章就将就这些问题展开讨论。

第一节　心理健康概述

一、心理健康的含义

心理健康指的是个体既能适当地评价自我、接受自我,又能与他人和谐相处;既能适应自己所面临的不断变化发展着的现实环境,又能不断完善和保持自身的人格特征;同时具有良好的自我节制和调控能力,并在认知、情绪反应活动和意志行为方面都处于比较积极的状态。

从心理上看,心理健康的人不仅各种心理功能正常,而且能正确认识自我,清楚自己的潜能、长处和缺点,并能合理发展自我。从社会行为上看,心理健康的人能有效地适应社会环境,妥善处理人际关系,其行为符合所处生活环境的文化的常规模式,角色扮演符合社会要求,与社会保持良好的接触,且能对社会有所贡献。

二、心理健康水平的划分

根据国内外的研究与实践,人的心理健康水平大致可划分为三个等级。

(一)一般常态心理

一般常态心理表现为心情经常保持愉快满意、适应能力强、善于与他人相处,能够较好地完成与同龄人发展水平相适应的活动,具有承受挫折、调节情绪的能力。

(二)轻度失调心理

轻度失调心理表现为不具有同龄人所应有的愉快心境,和他人相处略感困难,独立应对生活和工作有些吃力。若能主动调节或请专业人士帮助,可以恢复常态。

(三)严重病态心理

严重病态心理表现为明显的适应失调,长期处于焦虑、痛苦等消极情绪中无法自拔,不能正常生活和工作。如果不及时矫正,可能会发展为精神病患者。

三、心理健康的标准

心理的常态与病态、正常与异常是相对的,不像生理健康那样具有精确的、易于度量的指标。心理学家一般从个体适应环境的角度提出心理健康的标准,包括自我意识水平、情绪调控能力、挫折耐受能力、社会交往能力、环境适应能力等。具体而言,心理健康的标准包括以下几条。

(一)了解自我,悦纳自我

心理健康的人能充分认识自身的价值,正确看待自己的长处和不足,能对自己作出恰当、客观的评价,能确立与自己的能力相吻合的目标,对自己的现状和前途充满自信,努力发展自己的潜力,对无法补救的缺陷亦能正确对待。

(二)接受他人,善于与人相处

心理健康的人不仅能接受自我、悦纳自我,也能接受他人、悦纳他人,充分认识、肯定别人存在的重要性,乐于与人交往,让他人了解和接受自己,人际关系和谐,有自己的朋友,在与人交往中具有同情、友善、信任、尊重等积极的情感。

(三)正视现实,接受现实

心理健康的人能够面对现实,接受现实,主动地适应环境的变化,对周围的环境事物能够客观地认识和评价,对突发事件能较好地接受而不逃避,对生活、学习和工作中的困难能做到妥善处理,对挫折、失败有足够的勇气和信心面对。

(四)热爱生活,乐于工作

心理健康的人热爱生活,乐于工作,既能尽情享受生活的乐趣,又能积极进取,不断开拓自己的生活空间,充分发挥自己的聪明才智,体验成功的喜悦。

(五)能适度地表达和控制情绪

心理健康的人在各种情况下都能适度地表达和控制自己的情绪,反应的强度和刺激的强度相一致,该激动时激动、该冷静时冷静,恰如其分,能做到喜不狂、胜不骄、败不馁、谦而不卑、自尊自重。

(六)人格完整和谐

心理健康的人拥有完整和谐的人格,表现为性格开朗,为人处世既灵活又稳定,思考问题的方式合理而适中,情绪反应稳定而适度,与周围环境保持良好的接触,与社会生活融为一体。

(七)心理行为与年龄相符合

人的心理行为是随着年龄的增长而发展的,不同年龄阶段都有其相应的心理行为模式。心理健康的人应具有与多数同龄人相符的心理行为模式,若一个人的心理行为与年龄严重不符,就是心理不健康的表现。

一般而言,一个人能够在社会生活中正常地工作、学习和交往,就是达到了心理健康的基本标准。但是,人的心理状态不是固定不变的,它随着人的成长与环境的改变不断发生变化。每个人不仅要努力达到心理健康的基本要求,而且应该追求心理发展的更高层次,不断开发自己的身心潜能。

特别要指出的是,在具体评估时还应注意以下几个方面:

第一,上述标准仅适合于大多数人,没有全部达到上述标准的人并非意味着心理不健康,但在某一方面极端异常的人,必定属于心理异常。

第二,心理健康的标准是相对的,而不是绝对的。既受时代、民族、文化等因素制约,又会随着时间、地点、人群发生变化。

第三,心理健康有一定的时间概念,异常心理和行为的偶尔出现不能成为心理变态的依据,而异常心理和行为究竟维持多久才能属于变态或病态,要视具体情况而定。

第四,心理不健康不等于有精神疾病,有的精神疾病患者在某些具体标准上仍可能表现得很正常。对精神疾病的诊断应由有经验的专科医生进行。

第五,心理健康并不意味着完美无缺,它只是个体在自身和环境许可下的一种最佳功能状态。人们应为实现这样的标准而努力,但又不必因未达到上述标准而沮丧。

第六,尽管有关心理健康的具体标准人们不一定能完全达到,但是,心理活动要与生物学特征、客观环境相符,心理活动内部各成分间应协调统一,人格处于稳定状态却是心理健康者必须要做到的。

四、影响心理健康的因素

人的心理活动是一个极为复杂的动态过程,因此,影响心理健康的因素也是复杂多样的,包括生物学因素、社会因素、心理因素等。

(一)生物学因素

1. 遗传因素

人的心理主要是在后天环境的影响下形成和发展起来的,但是,人的心理发展与遗传因素也有着密切的关系。根据统计调查及临床观察,许多精神疾病确实与遗传有关。同时,以遗传素质为基础的神经类型及身体特征也影响着人的心理活动。

2. 病毒感染与躯体疾病

由某些病菌、病毒等引起的中枢神经系统的疾病会损害人的神经组织结构,导致器质性心理障碍或精神失常。

3. 脑外伤及其他因素

脑外伤或化学中毒,以及某些严重的躯体疾病、机能障碍等,也是造成心理障碍与精神失常的原因。

(二)社会因素

1. 生活环境因素

经济条件较差、生活习惯不好、工作环境恶劣等都会对人的心理产生不良影响。此外,生活环境的巨大变化也有可能带来心理的不适。

2. 重大生活事件与突变因素

生活中遇到的各种各样的变化尤其是一些突发或影响较大事件,常常是导致心理失常或精神疾病的原因,比如家人死亡、失恋、离婚、天灾、疾病等。每一次不好的变化都会让个体产生一定的心理压力,如果在一段时间内发生的不幸事件太多或事件较严重、突然,个体的心理健康难免会受到影响。

3. 家庭因素

家庭环境是影响心理健康的重要因素。现代心理学的研究证明，家庭环境对人一生的心理发展会产生重大影响，特别是早年形成的人格结构，会对以后的心理发展产生重大影响。家庭环境包括家庭人际关系、父母教育方式、父母人格特征等。有学者对恐惧症、强迫症、焦虑症、抑郁症患者的早期经历与家庭环境进行调查，结果表明这些患者的父母与正常个体的父母相比，表现出较少的情感关怀、较多的拒绝态度或者较多的过分保护。早期信任感和安全感的缺乏，会使儿童更易形成孤僻的性格，更易出现心理异常。

(三) 心理因素

1. 情绪情感因素

积极、愉快的情绪情感有助于人们发挥潜能，提高工作效率，增进身心健康。近代科学研究已经肯定了消极情绪情感与身心疾病的发生、发展均有一定的关联。情绪异常往往是心理疾病和精神病的先兆，因此，良好的情绪是心理健康的重要保证。

2. 人格(个性)特征

每个人都有自己独特的人格(个性)特征，它对人的心理健康有非常明显的影响。培养健全的人格对预防和减少心理障碍或精神疾病十分有效。

3. 心理冲突

心理冲突是人们面对难以抉择的处境时产生的心理矛盾状态。由于心理冲突会让人产生心理压力，这种压力往往会增大个体适应环境的困难，因而，在多数情况下心理冲突都会对个体的身心健康和工作生活产生不良的影响。尤其是当冲突长期得不到缓解时，便会产生紧张和焦虑的情绪，严重的还可能导致心理疾病。虽然心理冲突并不一定全是坏事，但剧烈而持久的冲突无疑会有损身心健康，应尽量避免。

第二节　心理应激与心理健康

无论是动物或人类,在遇到突如其来的威胁情境时,身体上会自动发出一种类似"总动员"的反应现象。这种本能性的生理反应,可使个体立即进入应激状态以保护自身安全。

一、心理应激概述

(一)什么是心理应激

心理应激也被称为心理紧张状态,是指当人们遇到某些紧急事件时所产生的剧烈心理波动和一系列生理反应。处于应激状态时,人的各种潜能都会被调动,以应对紧急情况。

一般的应激反应只能说明个体在短时的压力下所产生的生理反应。但如果压力情境持续下去,个体又会产生怎样的反应呢?

谢耶(H. Selye)运用动物被试所做的实验表明:被试所表现的适应能力与压力持续的时间有密切的关系。谢耶根据动物被试的反应将整个适应过程分为三个阶段:①警戒期。这一阶段又按生理上的不同反应分为两个时期。一为震撼期,由于刺激的突然出现而产生情绪震撼,随之体温与血压均下降,肌肉松弛,适应能力缺乏。二为反击期,肾上腺素分泌增加,继而全身生理功能增强,进入类似前文所述的应激反应阶段。②抗应期。此阶段个体生理功能大致恢复正常,这表示个体已能适应艰苦的生活环境。③耗竭期。此阶段身体的适应能力下降,最终出现生理衰竭。

综上所述,心理应激可以理解为有机体在某种环境刺激作用下由于客观要求和应付能力不平衡而产生的一种适应环境的紧张反应状态。

(二)应激源

应激源是指向有机体提出适应要求,并可能导致心理应激的紧张性刺激物。

根据性质属性,应激源可分为生物性应激源、心理性应激源、社会性应激源和文化性应激源。根据持续的时间,应激源可分为急性应激源和慢性应激源。

1. 生物性应激源

生物性应激源是借助于人的肉体直接发生刺激作用的刺激物,包括各种物理、化学刺激,如使机体不适的温度、强烈的噪声、机械性损伤、病菌与病毒的侵害等。这类应激源作用的特点一般是首先引起生理反应,然后随着人们对生理反应的认识评价和归因过程,才会导致应激状态和心理反应。

2. 心理性应激源

心理性应激源主要来源于现实生活中经常出现的动机冲突、挫折情境、人际关系失调以及预期的或回忆性的紧张状态。

动机冲突是指人们在日常活动中存在着两个以上期望达到而又不可能达到或不能全部达到的目标时,导致动机不能实现或不能全部实现,进而引起心理失衡的一种心理状态。

挫折情境是指引发个人挫折的具体环境。

人际关系失调是指社会生活中,人与人的相互关系不能协调一致,形成矛盾冲突,从而影响到人的心理平衡和情绪稳定的具体现象。

动机冲突、挫折情景、人际关系失调都有可能成为引发应激状态的心理根源,同时,在人们头脑中产生的回忆性和预期性的或想象中的紧张情境与事件,也能成为心理性的应激源。

3. 社会性应激源

社会因素是造成人的应激状态的最普遍、最重要的应激源。很多研究旨在证实重要的生活事件对疾病的影响。大多数这类研究都使用了"社会再适应评定量表"(Social Readjustment Rating Scale,SRRS,表 10 – 1),LCU(Live Change Unit)即生活变化单位,反映生活事件可能引起的应激强度,数字越大则代表可能引起的应激强度越强。这个量表列出了许多会给人们带来压力的生活事件,比如结婚或丧偶。

表 10 – 1 社会再适应评定量表

顺序	生活事件	LCU	顺序	生活事件	LCU
1	配偶死亡	100	23	子女离家	29
2	离婚	73	24	司法纠纷	29
3	夫妻分居	65	25	突出的成就	28
4	坐牢	63	26	配偶开始或停止工作	26
5	亲人死亡	63	27	升学或辍学	26
6	受伤或重病	53	28	生活条件变化	25
7	结婚	50	29	生活习惯改变	24
8	被解雇	47	30	与上级有矛盾	23
9	复婚	45	31	工作条件改变	20
10	退休	45	32	迁居	20
11	家人患重病	44	33	更换学校	20
12	怀孕	40	34	娱乐方式改变	19
13	性生活问题	39	35	宗教活动改变	19
14	家庭增加新成员	39	36	社会活动改变	18
15	调换新工作	39	37	小量借贷	17
16	经济状况改变	38	38	睡眠习惯改变	16
17	好友亡故	37	39	家庭成员变化	
18	改行或改变工种	36	40	饮食习惯改变	15
19	夫妻不睦	35	41	假期	13
20	大量借贷	31	42	圣诞节	12
21	抵押或借贷到期	30	43	轻度触犯法律	11
22	职位的变化	29			

表中的每类事件都有一个评价值(LCU),如果一个人在一年之中所经历的事件的评价值的总和在150以下(不含150),来年很可能健康安泰;总和在150~300,来年有50%的可能性会生病;超过300(不含300)则来年有70%的可能性会生病。

4. 文化性应激源

最常见的文化性应激源是文化性迁移,即从一种语言环境或文化背景进入到另一种语言环境或文化背景中。在这种情况下,人们面临全新的生活环境、陌生的风俗习惯、不同的生活方式,若不能改变原有习惯,去适应新的变化,就可能出现不良的心理反应,引发心理应激,甚至积郁成疾。

5. 急性应激源

急性应激源又称为暂时性应激源,是指让人处于心理应激状态的突发事件或短时事件,如突发灾难、重大考试等。

6. 慢性应激源

慢性应激源又称持久性应激源,是指给人带来心理压力的持久或日常生活中存在的稳态事件,如生存困难或职业压力等。

慢性应激源是一种持续的压力,是伴随着可预测的生理变化、生物化学变化和行为变化的一种负性情绪体验,这些变化有的是环境的改变,有的是应对压力所导致的后果。例如研究者已经在那些患有癌症之类的严重疾病的患者身上发现,应对癌症诊断和治疗的慢性焦虑对健康造成的损害要远大于疾病本身。并且,压力的影响是长期的,即使在压力事件结束很久以后,这种影响仍然存在。有研究表明,充满压力的生活以及人们应对生活中的各种压力事件的方式都对人们的健康有影响。对许多人来说,慢性应激来自社会和环境条件,如人口过剩、犯罪、经济条件、污染、艾滋病和恐怖主义等。有些人群所承受的社会地位或种族界定压力对他们的群体健康亦产生了影响。例如,非裔美国人高血压患者偏多,这很可能是偏见带来的慢性应激(低收入的工作、高失业率,以及较低的社会经济地位等)导致的结果。

二、心理应激对心理健康的影响

适度的心理应激对人的心理健康可以起到良好的促进作用,对于提高人的心理警觉水平,动员人的内部潜能,增加个体对突发事件和挫折的耐受力以及适应生活的能力,从而较好地维持个体的心理健康水平具有非常积极的作用。但是,心理应激并不总是带给人们良好的结果,强烈而突然的应激或维持过久的应激,一旦超出个体所能耐受的适应和应付能力,就会造成有机体唤醒不足或使人长期紧张,造成个体心理和生理抵抗力的过分消耗,甚至导致疾病。多次未转向良好适应的应激,还会破坏个体的适应力,造成个体原有的社会活动和心理活动能力下降,甚至遇到新的轻微的应激时出现退缩反应和过度反应,或对强烈的刺激出现"无反应",使个体的心理功能和生理功能被扰乱,从而导致许多严重的后果。

三、应对心理应激的方法

由于生活中的心理应激源无处不在,因此心理应激也不可避免地发生在每个人身上,不同程度地影响着人们的生理和心理健康。为了消解心理应激对人类健康造成的威胁,我们必须找出应对心理应激的方法。一般认为,要有效地应对心理应激的不良影响,可以从以下几个方面入手。

(一)树立正确认知,积极调整情绪

有些事情发生后就不可能改变,但我们可以通过改变对事件的评价从而缓解内心的冲突。如失恋了,我们可以说"长痛不如短痛,总比结婚后再离婚要好"。因此,事件发生后,与其让悲观的评价腐蚀我们的情绪,不如寻找一个能使自己尽快恢复心理平衡的乐观

解释。

比如,通过对自己说安慰或平复心情的话来调节焦虑,通过有意识地提醒自己注意事物积极的一面来缓解沮丧情绪等。良性的自我对话在帮助人们超越难以忍受的痛苦时非常有用,大声地独白或把发生的事情写下来都有助于调节情绪。

(二)建立良好的人际关系

孤立无援的个体很希望能够得到别人的帮助。与周围的人保持良好的人际关系,并不一定是要获得强烈的情感支持,而是与他们保持日常的联系,分享经验,共同面对生活。这有助于分散个体的注意力,使正在经历心理危机的人不再为消极紧张情绪所困扰。

(三)面对现实

在心理应激出现初期,人们习惯于采取积极的态度来应对心理困惑和危机,利用一切可以利用的资源来避免心理应激带来的伤害,但到了心理应激的中后期,当个体积极应对危机的策略失败,感到绝望时,人们就会消极地逃避现实,采取退缩的策略来应对危机,不愿意承认现实情境,常常歪曲现实情境。在这种情况下,只有面对现实,正视危机,才能激发自身潜在的力量,动员一切资源来寻求走出困境的办法。

(四)暂时避免做重大的决定

处于心理危机中的个体处理问题的能力比平时要低,这是因为个体受到问题和情感的双重困扰,搜集信息和处理信息的能力受到一定的限制。也就是说,这时个体对面临的问题不会进行深入分析,掌握的信息量又太少,无法进行正确决策。个体虽然在这时很想摆脱危机,努力去寻求一切解决问题的办法,但草率决策有可能造成更大的伤害。因此,在心理应激期,不做重大的决定,有利于个体保护自己,避免再次受到伤害。

第三节　心理异常与心理保健

一、心理异常的概念

心理异常（mental disorder 或 psychological disorder）又称变态心理或心理障碍。

心理学对心理异常的定义与人们通常的理解有所不同。平素生活语言中所提到的疯子、变态、精神病，在心理学领域内仅仅是心理异常中的一小部分严重变异情况。心理学领域的心理异常的内涵很广泛，既包含那些严重的异常行为，如精神分裂，也包括一些比较轻微的异常行为。

二、心理正常与异常的区分标准

当心理健康被看作一个整体时，正常和异常的界限是相对的，大多数人都处于整体的中间状态。首先，必须要提醒的是，请不要将本章提到的心理异常症状和自己或他人随意联系在一起。心理异常的诊断是一件严肃的事情，任何诊断都可能对个体的心理状态产生巨大影响。

（一）社会规范标准

符合社会规范的行为属于正常，反社会规范的行为则是异常。社会规范是社会对个人行为的要求。每个社会都有一套被人们所接受的标准。例如，偶尔喝酒或因特殊需要而喝少量的酒是正常的，若天天在无必要应酬的情况下喝得酩酊大醉的酗酒就不正常了。需要注意的是这类标准可能因社会文化的变迁而改变。

(二)生活适应标准

生活适应良好的人为正常,生活适应困难的人则为异常。例如,有人怀疑别人都在害自己,拒绝与别人接触,甚至对别人采取攻击行为,出现异于常人的行为。

(三)心理成熟标准

个体身心两方面成熟程度适当的人为正常,心理成熟度远低于实际年龄的人为异常。例如,一位十八九岁的青年自己不敢出门、不会购物、害怕交往、必须要父母陪伴,这样的人就不能视为心理正常。

(四)个人感受标准

根据个体内在感受来判断一个人是否正常,而不是以可观察的行为作为标准。例如,一个人常常感到不安、惶恐、压抑、恐惧,但又没有明显的、客观存在的诱发这些行为的因素,则属于心理异常。

需要注意的是,不论是从何种角度出发的标准,各项指标都并不是显而易见的,没有哪一条指标对所有的心理异常来说都是必要条件,同样没有哪一条标准可以单独作为充分条件来区分异常行为和正常行为。正常和异常之间的差别,并不是两个独立行为类别之间的差异,而是一个人的行为合乎一整套公认的异常标准的程度。由此可见,上述每一种标准都有其根据,对于判断心理正常或异常都有一定的使用价值,但又都不能单独用来解决全部问题。因此在使用时要充分考虑其客观性,只有在各项指标互相补充的基础上,通过大量的临床实践,对各种心理现象进行科学分析,才能判断是否出现心理异常。

三、常见的心理异常行为

为了在临床中能获得足够的诊断一致性,并使诊断评估有一定的内在组织性,心理学家研发了一套诊断和分类系统,这个系统提供了症状的准确描述,并与其他标准一起帮助临床工作者确定一个人的行为究竟属于哪种特定障碍的表现。根据这些诊断标准并结合日常生活和活动中所常见的心理、行为的异常表现,将所能见到的,包括精神病在内的心理异常行为总结如下。

(一) 行为偏离

行为偏离是指行为人在没有智力迟滞的情况下其行为与所处的社会情境及社会评价相违背,在行为上显著地异于常态,且妨碍其对正常社会生活的适应。这些行为问题包括饮食方面的怪癖、嗜酒行为、吸毒行为、药物依赖、重度吸烟行为,以及某些过失行为,如敌视权威行为、施虐行为、盗窃行为、诈骗行为等。

(二) 人格障碍

人格障碍是指明显偏离正常人格,并与他人和社会相悖的一种持久和牢固的不良情绪和行为反应方式。人格障碍一般始于童年或青少年,且持续到成年或持续终生。一般认为它是在不良先天素质的基础上,遭受到环境的有害因素(特别是心理社会因素)影响而形成的。人格障碍有不同的表现类型:

(1) 反社会人格。其特点是缺乏道德责任感,情绪活动呈爆发性、冲动性,对他人和社会冷酷无情,缺乏同情心和羞耻感,往往目无法纪,无法从挫折和惩罚中吸取教训等。

(2) 偏执型人格。其特点是情感冷漠,偏好独处,对周围无动于衷,乖僻古怪,多幻想或奇怪观念,服饰、仪表常与习俗不符等。

(3) 强迫型人格。过分自我克制,常有不安全感和不完善感,过于追求完美,谨小慎微,优柔寡断,墨守成规,敏感多疑,缺乏随机应变的能力。

(4) 表演型人格。特点是以自我为中心,感情用事,情绪不稳定,爱自我表现,受暗示性强,爱幻想,常以想象代替现实等。

(三) 性行为异常

性行为异常是一种较为特殊的心理异常。一方面,性行为异常可能是人格障碍的一种表现,它们可能有病原学上的联系;另一方面,性行为异常又不一定都具有人格障碍的一般特征。

(四)不良适应性反应

不良适应性反应指因为某些事件的发生而导致的不良反应,包括考试引发的焦虑、心因性失眠等。

(五)特殊意识状态

特殊意识状态主要包括以下几种情况。

(1)催眠状态下或梦境状态下的心理变化。主要表现是意识模糊和意识范围狭窄,并在此基础上产生各种心理变化,只要催眠状态解除,梦境状态结束,心理立即恢复常态。

(2)社会交往剥夺和感觉剥夺状态。这时大脑由于失去了适度的兴奋刺激的支持,而造成功能失调,主要表现为注意力涣散,记忆力减退,意志力和自控能力受到严重削弱,思维混乱,情绪不稳,烦躁不安,焦虑压抑或出现孤独感等。

(3)药物作用下所产生的心理异常表现。这类心理异常大多表现为正常和变态心理之间的交叉或边缘状态。而且,许多表现都是一次性的,即药物作用消失后,患者的心理与行为便恢复正常,大多数人无须治疗,即能恢复常态。

(六)心身障碍

心身障碍又称为心身疾病。这一类异常是指在躯体各器官系统发生病变前后所呈现的心理异常现象。它常表现为在应激状态下所出现的某种内在的情绪或动机的冲突,通过心理影响生理的途径,以身体各个器官系统的病变表现出来。

心身疾病的诊断有五个基本标准:①心理方面的应激源出现在任何身体症状显现之前;②情绪的兴奋并不是有意识的,或者个体知道情绪兴奋,却没有能力去改变;③应激源所促成的自主神经系统的活动是长期的、持久的;④通常在调节高压力的生活情境中有效的防御机制已衰退,或者无效的防御被过度使用,造成压力加大;⑤个体器官组织有某些构造上的弱点,这些弱点或是遗传或是源于早期经验的创伤。

(七)常见心理障碍

1. 抑郁障碍

抑郁障碍以持久的心境低落为主要特征。

抑郁情绪的发生往往与负性生活事件有关。抑郁障碍的患者其个性往往有某些共同的地方,表现为缺乏积极的思维内容,常常是负性思维居多,如常常自卑、遇事多往坏处想、消极悲观等。

抑郁障碍者,常常感觉心情低落、压抑,总能感受到无法排遣的郁闷,对前途悲观失望,对自己失去信心,对生活缺乏兴趣;以往的兴趣减少甚至丧失,自我评价降低,常常放大自己的缺点,自卑感明显;不愿与人接触交往,尽量避免热闹场面,常常感到疲乏无力,反应慢,思考困难,认为自己毫无用处,无可救药;特别悲观者会感到生活没有希望、没有意义,生不如死,死亡是痛苦的结束和解脱,严重者甚至想用自杀的方式寻求解脱。

抑郁障碍的治疗一般以心理治疗为主,如支持性心理治疗,陪伴、关心、劝导、支持、鼓励等。认知治疗也是常用的办法,如改变他们的负性思维模式,转变患者的自卑心理,使其增强自信。

2. 焦虑障碍

焦虑障碍是指没有明确客观对象和逻辑根据而陷入过分担忧和恐惧不安的一种情绪状态。其主要表现为过度焦虑,常常伴有显著的运动神经紧张和植物神经活动过度的症状,如坐立不安、疲倦、心悸、气短、口干、吞咽困难以及过度警醒。尤其需要注意的是,焦虑障碍不是由实际危险引起的,其提心吊胆的恐慌状态与实际环境不相称。

按照焦虑的临床表现可将其分为两类:①广泛性焦虑障碍。以经常或持续地对未来可能发生的无法预料的某些危险的紧张不安，或对现实生活中某些问题过分担心或烦恼为特征。患者往往说不出具体担心的对象或内容，但却处于一种提心吊胆、惶惶不安的状态。②应激性焦虑障碍。应激性焦虑障碍常常突然发作，患者会突然感到极度担心、害怕，有濒临死亡的恐惧，持续20分钟左右会逐渐恢复。

焦虑障碍常用的心理治疗方法有认知疗法、行为疗法、精神分析疗法等。

四、心理保健

预防问题的发生是最好的解决问题的方法，虽然心理治疗技术已日趋成熟，但是在确定对某人实施治疗之前，心理疾病已经对这个人的日常生活、社交生活、工作或者事业造成了破坏性的影响。想要减少心理异常的发生，提高心理健康水平，我们应当从日常的心理保健做起。

（一）讲究心理卫生

心理卫生是关于保护与增强人的心理健康的心理学原则与方法。

讲究心理卫生，首先要注意用脑卫生。其次要避免或减少心理失调或精神疾患的发生。

（二）增强自我调控能力

积极调整情绪，及时排除各种负面情绪，让焦虑导致恐慌、沮丧导致失望等情绪的恶性循环得到控制。

（三）培养和完善健全的人格

人格是个体在成长过程中形成的独特的个性心理特征，一旦形成，就具有相对的稳定性，并在个体的一切行为中显示出其区别于他人的独特性。只有具备健全的人格，才能正确评价客观事物，采取恰当的态度，体验正常的情绪情感，作出正确的行为反应。因此，培养和完善健全的人格对于心理健康的维护具有重要意义。

(四)积极参与社会活动,懂得寻求社会支持

积极参与社会活动,对社会活动感兴趣,并致力于社会的健康发展。培养与人交往的能力,必要时勇于向他人,包括社会上各种服务性机构求助,但求助时要了解关系亲疏不同者所能提供的帮助不同。一般来说,与我们关系越近的人,向我们提供帮助的可能性越大,愿望也更强烈一些,而专业人员的帮助则效率较高。并且向亲友求助时要注意体谅他人,不强人所难。

(五)坚持健康的生活方式

生活方式是指人们在日常生活中所遵循的行为规范,即习惯化的生活活动方式。健康的生活方式应包括以下要素:起居有常,早睡早起,保持充足的睡眠(每天8小时左右);定时就餐,平衡膳食,每天坚持吃早餐;控制体重,让体重保持在正常水平;适量运动,每周至少有2~3次体育锻炼;不吸烟、少饮酒。

思考题

1. 简述心理健康的标准。
2. 影响心理健康的因素有哪些?
3. 简述心理应激的含义。
4. 如何区分心理异常与心理正常?
5. 简述心理保健及其意义。

拓展阅读

参考文献

ALLPORT F H, 1924. Social psychology[M]. Boston: UT Back - in - Print Service.

ALLPORT G W, 1935. A handbook of social psychology[M]. Worcester: Clark University Press.

ALLPORT G W, 1968. The person in psychology[M]. Boston: Beacon Press, 1968.

AMATO P R, 1985. An investigation of planned helping behavior[J]. Journal of Research in Personality, 19: 232 -252.

ANDERSON N H, 1968. Likableness ratings of 555 personality-trait words[J]. Journal of Personality and Social Psychology, 9(3): 272 -279.

ARGYLE M, 1973. The syntaxes of bodily communication[J]. International Journal of Psycholinguistics, 2: 71 -91.

ARONSON E, WILLERMAN B, FLOYD J, 1966. The effect of a pratfall on increasing interpersonal attractiveness[J]. Psychonomic Science, 4(6): 227 -228.

ASCH S E, 1946. Forming impressions of personality[J]. Journal of Abnormal and Social Psychology, 41: 258 -290.

BAGBY J W, 1957. A cross-cultural study of perceptual predominance in binocular rivalry[J]. Journal of Abnormal & Social Psychology, 54(3):331 -334.

BATSON C D, POWELL A A, 2003. Altruism and prosocial behavior[M]. Hoboken, NJ: John Wiley & Sons, Inc.

BEM D J,1967. Self – perception: an alternative interpretation of cognitive dissonance phenomena[J]. Advances in Experimental Social Psychology, 6(6):535.

BERKMAN L F, SYME S L, 1979. Social networks, host resistance, and mortality: a nine-year follow-up study of alameda county residents [J]. American Journal of Epidemiology, 109: 186 – 204.

BOCHER S , INSKO C A, 1966. Communicator discrepancy, source credibility, and opinion change[J]. Journal of Personality & Social Psychology, 4(6):614 – 621.

BOWER G H, 1991. Mood congruity of social judgement[M]. Oxford: Pergamon Press:31 – 54.

BREHM J W, 1966. A theory of psychological reactance [M]. New York: Academic Pres.

BROWN G W, HARRIS T, 1978. Social origins of depression: a study of psychiatric disorder in women[M]. Oxon, UK: Taylor & Francis.

BRUNER J S, GOODMAN C C , 1947. Value and need as organizing factors in perception[J]. Journal of Abnormal Psychology, 42(1):33 – 44.

BRYANT J, ZILLMANN D P, 1986. erspectives on media effects [M]. NJ:Lawrence Erlbaum Associates.

BUSS D M, 1984. Marital assortment for personality dispositions: assessment with three different data sources[J]. Behavior Genetics, 34: 111 – 123.

CACIOPPO J T , PETTY R E,1982. The need for cognition. [J]. Journal of Personality & Social Psychology, 42:116 – 131

CACIOPPO J T , PETTY R E , MORRIS K J,1983. Effects of need for cognition on message evaluation, recall, and persuasion. [J]. Journal of Personality & Social Psychology, 45(4):805 – 818.

CACIOPPO J T, PETTY R E, 1984. The elaboration likelihood model of persuasion[J]. Advances in Consumer Research, 19(4):123 – 205.

CAPORAEL L R, BREWER M B, 1991. Reviving evolutionary psychology: biology meets society[J]. Journal of Social Issues, 47(3): 187 – 195.

CHAIKEN S, EAGLY A H, 1976. Communication modality as a determinant of message persuasiveness and message comprehensibility[J]. Journal of Personality and Social Psychology, 34(4):605 – 614.

CHAIKEN S, 1979. Communicator physical attractiveness and persuasion [J]. Journal of Personality and Social Psychology, 37: 1387 – 1397.

CHAIKEN S, EAGLY A H, 1983. Communication modality as a determinant of persuasion: the role of communicator salience[J]. Journal of Personality and Social Psychology, 45(2), 241 – 256.

CHAIKEN S, MAHESWARAN D, 1994. Heuristic processing can bias systematic processing: effects of source credibility, argument ambiguity, and task importance on attitude judgment[J]. Journal of Personality & Social Psychology, 66(3):460 – 473.

CLARK R D, WORD L E, 1972. Why don't bystanders help? because of ambiguity? [J]. Journal of Personality and Social Psychology, 24(3): 392 – 400.

CLARK R D, WORD L E, 1974. Where is the apathetic bystander? situational characteristics of the emergency[J]. Journal of Personality & Social Psychology, 29(3): 279 – 287.

COHEN S, WILLS T A, 1985. Stress, social support, and the buffering hypothesis[J]. Psychological Bulletin, 98: 310 – 357.

COIE J D, KUPERSMIDT J B, 1983. A behavioral analysis of emerging social status in boys' groups[J]. Child Development, 54(6): 1400 –

1416.

DARLEY J M, LATANE B, 1968. Bystander intervention in emergencies: diffusion of responsibility[J]. Journal of Personality and Social Psychology, 8(4): 377 – 383.

DAVIS K, 1962. Value consensus and need complementarity in mate selection[J]. American Sociological Review, 27(3): 295 – 303.

DION K, BERSCHEID E, WALSTER E, 1972. What is beautiful is good [J]. Journal of Personality & Social Psychology, 24(3):285 – 290.

DOVIDIO J F, PILIAVIN J A, GAERTNER S L, et al., 1991. The arousal: cost-reward model and the process of intervention: a review of the evidence. [J] Actualité Juridique Edition Droit Administratif, 12 (4): 888 – 892.

EDWARDS A L, 1957. Techniques ofattitude scale construction[M]. New York: Appleton-Centuty-Crofts, Inc.

EISENBERG N, FABES R A, 1990. Empathy: conceptualization, measurement, and relation to prosocial behavior[J]. Motivation & Emotion, 14(2): 131 – 149.

EKMAN P, SORENSON E R, FRIESEN W V, 1969. Pan-Cultural elements in facial displays of emotion[J]. Science, 164(3875):86 – 88.

EKMAN P, FRIESEN W V, Tomkins S S, 1971. Facial affect scoring technique: a first validity study[J]. Semiotica,3:37.

ELLWOOD C A, 1925. The psychology of human society[M]. New York:Appleton.

FESTINGER L, SCHACHTER S, BACK K W, 1950. Social pressures in informal groups, a study of human factors in housing[J]. The Milbank Memorial Fund Quarterly, 30(4).

FESTINGER L, 1957. A theory of cognitive dissonance[M]. Stanford,

Calif.：Stanford University Press.

FESTINGER L, CARLSMITH J M, 1959. Cognitive consequence of forced complaince [J]. Journal of Abnormal and Social psychology, 58：203-210.

FISHBEIN M, AJZEN I, 1974. Attitudes towards objects as predictors of single and multiple behavioral criteria [J]. Psychological Review, 81：59-74.

FRIEDMAN H S, RIGGIO R E, 1981. Effect of individual differences in nonverbal expressiveness on transmission of emotion [J]. Journal of Nonverbal Behavior, 6(2)：96-104.

GILOVICH T, SAVITSKY K, MEDVEC V H, 1998. The illusion of transparency：biased assessments of others' ability to read One's emotional states [J]. Journal of Personality & Social Psychology, 75(2)：332-346.

GILOVICH T, MEDVEC V H, SAVITSKY K, 2000. The spotlight effect in social judgment：an egocentric bias in estimates of the salience of one's own actions and appearance [J]. Journal of Personality & Social Psychology, 78(2)：211.

GITTER A G, BLACK H, MOSTOFSKY D, 1972. Race and sex in the Perception of Emotion1 [J]. Journal of Social Issues, 28(4)：63-78.

GRANOVETTER M, 1973. The strength of weak ties [J]. American Journal of Sociology, 78：1360-80.

GREENWALD B, STEIN J, 1988. The task force report：the reasoning behind the recommendations [J]. Journal of Economic Perspectives, 2(3)：3-23

HAMILTON O J, 1974. Validation of the hermans questionnaire measure of achievement motivation [J]. Personality & Social Psychology Bulletin,1(1):22-24.

HAVIGHURST R J, 1948. Developmental tasks and education[M]. Chicago: University of Chicago Press.

HEIDER F, 1958. The psychology of interpersonal relations[M]. New York: John Wiley & Sons.

HIGBEE K L, MILLARD R J, FOLKMAN J R, 1982. Social psychology research during the 1970s: predominance of experimentation and college students[J]. Personality and Social Psychology Bulletin. 8(1):180-183.

HIGGINS E T, KLEIN R L, STRAUMAN T J, 1987. Self-discrepancies: Distinguishing among self-states, self-state conflicts, and emotional vulnerabilities In. YARDLEY K, HONESS T (Eds.), Self and identity: Psychosocial perspectives, 173-186.

HOFFOLL S E, LONDON P, 1986. The relationship of self-concept and social support to emotional distress among women during war[J]. Journal of Social and Clinical Psychology, 4: 189-203.

HOVLAND C I, WEISS W, 1951. The influence of source credibility on communication effectiveness[J]. Public Opinion Quarterly, 15: 635-650.

HOVLAND C I, 1959. Reconciling conflicting results derived from experimental and survey studies of attitude change[J]. American Psychologist, 14: 8-17

HURRELMANN K, 1988. Social structure and personality development [M]. London: Cambridge University Press.

INSKO C A, ARKOFF A, INSKO V M, 1965. Effects of high and low fear-arousing communications upon opinions toward smoking[J]. Journal of Experimental Social Psychology, 1(3):256-266.

ISHBEIN M, AJZEN I, 1975. Belief, attitude, intention, and behavior: an introduction to theory and research[M]. Reading, Mass.: Addison-

Wesley.

JANG K L, LIVESLEY W J, VEMON P A, 2010. Heritability of the big five personality dimensions and their facets: a twin study[J]. Journal of Personality, 64(3): 577 – 592.

JANIS I L, FESHBACH S, 1953. Effect of fear – arousing communications[J]. Journal of Abnormal Psychology, 48(1):78 – 92.

JEMMOTT J, 1984. Psychological factors immunologic mediation, and human susceptibilty to infectious disease: how much do we know? [J]. Psychological Bulletin Journal, 95.

KANNER L, 1931. Judging emotions from facial expressions.[J]. Psychological Monographs, 41(3):i – 91.

KATZ D, BRALY K W, 1933. Racial stereotypes of one hundred college students[J]. Journal of Abnormal & Social Psychology, 28(3):280 – 290.

KATZ D, 1960. The functional approach to the study of attitudes[J]. Public Opinion Quarterly, 24(2):163 – 204.

KELLEY, 1983. The situational origins of human tendencies: a further reason for the formal analysis of structures[J]. Personality & Social Psychology Bulletin, 9(1): 8 – 36.

KELMAN H C, 1958. Compliance, identification and internalization: three processes of attitude change[J]. Journal of Conflict Resolution, 2 (1):51 – 60.

KELMAN H C, 1961. Processes of opinion change[J]. Public Opinion Quarterly, 25:57 – 78.

KERCKHOFF A C, DAVIS K E, 1962. Value consensus and need complementarity in mate selection[J]. American Sociological Review, 27: 295 – 303.

KLINNERT M D, CAMPOS J J, SORCE J F, EMDE R N, SVEJDA M,

1983. Emotions as behavior regulators: social referencing in infancy[J]. Emotions in Early Development, 67(7): 57 – 86.

KOHLBERG L, 1984. Essays on moral development[M]. San Francisco: Harper & Row Press.

KRAUT R E, JOHNSTON R E, 1979. Social and emotional messages of smiling: An ethological approach[J]. Journal of Personality & Social Psychology 37(9):1539 – 1553

KREBS D L, MILLER D T, 1985. Altruism and aggression[J]. In LINDZEY G &ARONSON E(Eds.), The Handbook of Social Psychology, 2(3): 1 –71

LANDY D, SIGALL H, 1974. Beauty is talent: task evaluation as a function of the performer's physical attractiveness[J]. Journal of Personality and Social Psychology, 29(3): 299 – 304.

LAPIERE R T,1934. Attitudes versus actions[J]. Social Forces, 13:7 – 11.

LATANÉ B, DARLEY J M, 1970. The unresponsive bystander: why doesn't he help? [M]. New York: Appleton-Century-Croft.

LEVINGER G, SNOEK J D, 1972. Attraction in relationship: a new look at interpersonal attraction[M]. Morristown, New Jersey: General Learning Press.

LEWIN K, 1936. Principles of topological psychology[M]. New York: McGraw Press.

LEWIN K,1945. The research center for group dynamics at massachusetts institute of technology[J]. Sociometry, 8(2):126 – 136.

LIKERT R A, 1932. A technique for the measurement of attitudes[J]. Archives of sychology,140:5 – 55.

LIPPA R A,1990. Social psychology[M]. Belont,CA:Wadsworth.

LIPPA R, RIGGIO R E, Salinas C, 1990. The display of personality in expressive movement[J]. Journal of Research in Personality, 24(1): 16-31.

LYDON J E, JAMIESON D W, ZANNA M P, 1988. Interpersonal similarity and the social and intellectual dimensions of first impressions[J]. Social Cognition, 6(4): 269-286.

MARUYAMA G, FRASER S C, MILLER N, 1982. Personal responsibility and altruism in children[J]. Journal of Personality and Social Psychology, 42(4): 658-664.

MASLOW A H, 1954. The instinctoid nature of basic needs[J]. Journal of Personality, 22(3).

MASLOW A H, 1970. New introduction: religions, values, and peak-experiences[J]. Journal of Transpersonal Psychology, 2(2): 83-90.

MAYER J D, SALOVEY P, 1997. Emotional development and emotional intelligence: implications for educators[M]. New York: Basic Books: 3-31.

MCGUIRE A M, 1994. Helping behaviors in the natural environment: dimensions and correlates of helping[J]. Personality and Social Psychology Bulletin, 20(1): 45-56.

MILLER S, 1975. Marriages and families: enrichment through communication [M]. New York: Sage Publications.

MILLS, R S L, GRUSEC J E, 1989. Cognitive, affective, and behavioral consequences of praising altruism[J]. Merrill-Palmer Quarterly, 35(3): 299-326.

MONGE P R, KIRSTE K K, 1980. Measuring proximity in human organizations[J]. Social Psychology Quarterly, 43: 110-115.

MOORE D L, DOUGLAS H, KANCHANA T, 1986. Time compression,

response opportunity, and persuasion[J]. Journal of Consumer Research, 13(1):85-99.

MYERS D G, 1993. Social psychology(forth edition) [M]. New York: McGraw·Hill.

MÜNSTERBERG H, 1908. On the witness stand: essays on psychology and crime[M]. New York: McClure Company.

NEWCOMB T M, 1961. The acquaintance process [M]. New York: Holt, Rinehart & Winston Inc.

OS-GOOD C E, SUCI G J, TANNENBAUM P H, 1957. The measurement of meaning[M]. Urbana: University of Illinois Press.

PAVLOV I P, 1927. Conditioned reflexes[M]. Oxford, UK: Oxford University.

PETTY R E, CACIOPPO J T, 1981. Attitudes and persuasion: classic and contemporary approaches[M]. Dubuque, Iowa: Wm. C. Brown.

REZNICK J S, CORLEY R, ROBINSON J, 1997. A longitudinal twin study of intelligence in the second year[J]. Monogr Soc Res Child Dev, 62(1): 1-160.

ROKEACH M, 1968. Beliefs, attitudes, and values: A theory of organizationand change[M]. San Francisco: Jossey-Bass.

ROSENBERG M J, HOVLAND C I, 1960. Cognitive, affective, and behaviorcomponents of attitudes [M] New Haven: Yale University Press.

ROSENBERG S, NELSON C, VIVEKANANTHAN P S, 1968. A multi-dimensional approach to the structure of personality impressions [J]. Journal of Personality & Social Psychology, 9(4):283-294.

ROSS E A, GROSS M, 2009. Social control: a survey of the foundations of order (1st ed.)[M]. New York: Routledge Press.

RUSHTON J P, CAMPBELL A C, 1977. Modeling, vicarious reinforcement and extraversion on blood donating in adults: immediate and long-term effects[J]. European Journal of Social Psychology, 7 (3): 297 – 306.

RUSHTON J P, TEACHMAN G, 1978. The effects of positive reinforcement, attributions, and punishment on model induced altruism in children [J]. Personality and Social Psychology Bulletin, 4 (2): 322 – 325.

SAVITSKY A K, THOMAS G B, 2003. The illusion of transparency and the alleviation of speech anxiety[J]. Journal of Experimental Social Psychology, 39(6):618 – 625.

SAVITSKY K, EPLEY N, GILOVICH T, 2001. Do others judge us as harshly as we think? overestimating the impact of our failures, shortcomings, and mishaps[J]. Journal of Personality & Social Psychology, 81(1):44.

SCHACHTER S, 1959. The psychology of affiliation: experimental studies of the sources of gregariousness[M]. Palo Alto: Stanford University Press.

SCHROEDER D A, PENNER L A, DOVIDIO J F, et al., 1995. The psychology of helping and altruism: problems and puzzles[M]. New York: McGraw-Hill.

SCHUTZ A, 1962. Concept and theory formation in the social sciences [M]. Berlin: Springer Netherlands.

SCHUTZ W, 1958. FIRO: a three dimensional theory of interpersonal behaviour[M]. Oxford: Rinehart.

SCHWARZ N, BLESS H, BOHNER G, 1991. Mood and persuasion: affective states influence the processing of persuasive communications [J]. Advances in Experimental Social Psychology, 24(1):161 – 199.

SHOTLAND R L, HUSTON T L, 1979. Emergencies: what are they and do they influence bystanders to intervene? [J]. Journal of Personality and Social Psychology, 37(10): 1822 – 1834.

SHOTLAND R L, STRAW M K, 1976. Bystander response to an assault: when a man attacks a woman[J]. Journal of Personality and Social Psychology, 34: 990 – 999.

SKINNER B F, 1938. The behavior of organisms: an experimental analysis[M]. New York, NY: Appleto-Century-Crofts.

SKOLNICK A S, KAGAN J. 1986. The psychology of human development[M]. San Diego: Harcourt Brace Jovanovich.

SMITH S M, PETTY R E, 1996. Message framing and persuasion: a message processing analysis[J]. Personality & Social Psychology Bulletin, 22(3):257 – 268.

SPENCER H, 1862. First Principles[M]. New York: D. Appleton.

SPRAFKIN J N, LIEBERT R M, POULOS R W, 1975. Effects of a prosocial televised example on children's helping[J]. Journal of Experimental Child Psychology, 20: 119 – 126.

STERNBERG R J, 1986. A triangular theory of love[J]. Psychological Review, 93(2): 119 – 135.

STRAYER F F, WAREING S, RUSHON J P, 1979. Social constraints on naturally occurring preschool altruism[J]. Ethology and Sociobiology, 1(1): 3 – 11.

TAPP J L, LEVINE F, 1977. Law, justice and the individual in society: psychological and legal issues[M]. New York Holt, Rinehart and Winston.

THURSTONE L L, CHAVE E J, 1929. The measurement of attitude [M]. Chicago: University of Chicago Press.

TODOROV A, SAID C P, ENGELL A D, et al,2008. Understanding evaluation of faces on social dimensions[J]. Trends in Cognitive Sciences, 12(12):455-460.

WEITEN, WAYNE, LLOYD, 2000. Psychology applied to modern life: adjustment at the turn of the century[M]. Beverly, MA: Wadsworth Publishing Company.

WILSON D S, 1975. A theory of group selection[J]. Proceedings of the National Academy of Sciences of the United States of America, 72(1): 143-146.

WUNDT W, 1916. Elements of folk psychology[M]. New York: Macmoillan.

ZAJONC R, 1968. Attitudinal effects of mere exposures[J]. Journal of Personality and Social Psychology, 9(2): 1-27.

ZEBROWITZ L A, MONTEPARE J M,2005. Appearance DOES matter [J]. Science, 308:1565-1566.

安德列耶娃,1984.李钊,龚亚铎,潘大渭,译.社会心理学[M].上海:上海翻译出版公司.

陈满琪,2013.群体情绪及其测量[J].社会科学战线,2:174-179.

迪尔凯姆,1973.社会学方法论[M].台北:台湾商务印书馆股份有限公司.

哈克 H M,2004.改变心理学的40项研究[M].白学军,等,译,北京:中国轻工业出版社.

胡寄南,1995.胡寄南心理学论文选[M].北京:学林出版社.

黄希庭,时勘,王霞珊,1984.大学班集体人际关系的心理学研究[J].心理学报,(4):11.

霍尔,2010.无声的语言[M].何道宽,译.北京:北京大学出版社.

李小新,郭永玉,芈静,等,2014.威胁敏感性的概念和测量:生理和认知两种取向[J]. 心理科学进展,22(10):1608－1615.

洛莫夫,1965. 工程心理学概论[M]. 北京:科学出版社.

麦独孤,1997. 社会心理学导论[M]. 俞国良,雷雳,张登印,译. 杭州:浙江教育出版社.

墨森 P H,康杰 J J,等,1990. 儿童发展和个性[M]. 缪小春,等,译. 上海:上海教育出版社.

彭聃龄,2001. 普通心理学[M]. 北京:北京师范大学出版社.

萨哈金 W S,1991. 周晓虹,译. 社会心理学的历史与体系[M]. 贵阳:贵州人民出版社.

沙莲香,2002. 社会心理学[M]. 北京:中国人民大学出版社.

时蓉华,1986. 社会心理学[M]. 上海:上海人民出版社.

时蓉华,1997. 社会心理学[M]. 杭州:浙江教育出版社.

时蓉华,朱德发,1985. 退休老人某些心理感受的调查[J]. 老年学杂志,01:40－43.

吴江霖,1991. 心理学论文集[M]. 广州:广东人民出版社.

吴重光,1993. 教学心理[M]. 广州:广东教育出版社.

尹可丽,李光裕,2015. 云南少数民族聚居地中小学生民族社会化特征[J]. 中国社会科学报,3(16):B01.

张春兴,1992. 张氏心理学词典［M］. 上海:上海辞书出版社.

张德,1990. 社会心理学[M]. 劳动人事出版社,1990.

张祥灿,李琳,2016. 自主神经系统与心脏性猝死的研究进展[J]. 中西医结合心血管病杂志,4(20):14－15.

赵珍珍,唐辉一,魏芸芸,等,2015. 群体情绪凝聚及其产生机制[J]. 宁波大学学报(教育科学版),37(5):12－18.

周晓虹,1992. 现代社会心理学名著菁华[M]. 南京:南京大学出版社.